그림으로 읽는Q 잠 못들  야기

자율신경계

고바야시 히로유키 지음 | **박주홍** 감역 | **양지영** 옮김

BM (주)도서출판 **성안당**

2

"피곤도 안 풀리고, 왠지 힘들어."

"병원에서 검사해도 이상이 없다는데, 몸이 계속 안 좋아."

평소 이런 생각을 해 본 적이 있다면 이 책을 꼭 읽어보길 바란다. 왜냐하면 이런 피곤함이나 괴로운 증상의 원인이 '자율신경계'일 가능성이 높기 때문이다. 흐트러진 자율신경계를 조절하면 나이보다 건강하고 활기찬 몸을 만들 수 있다.

자율신경계는 종종 운동신경계와 비교되는데, 간단히 설명하면 '자기 의지대로 움직이지 못하는 심장이나 혈액 순환 등의 기능을 관리하는 신경'이다. 자율신경계는 우리가 세상에 태어나 지금 이 순간까지 숨을 쉬듯 당연하게 작용하고 있고, 단 1초도 쉬지 않는다.

이 부지런한 일꾼인 자율신경계는 교감신경과 부교감신경으로 구성돼 있으며, 건강한 사람은 낮에는 교감신경, 밤에는 부교감신경이 활발하게 활동해 잠을 푹 잘 수 있는 것이다.

피곤함이 가시지 않거나 원인 모를 신체 이상 증상을 느끼는 이유는 평소 생활습관, 식생활, 스트레스와 같은 다양한 원인으로 교감신경과 부교감신경의 작용이 흐트러지면서 아침에는 가볍게 일어나지 못하고, 밤에는 푹 자지 못하는 상태가 됐기 때문이다.

이 책에서는 건강한 정신과 몸으로 이끄는 길잡이를 '생활습관', '식생활', '마음가짐(멘탈)', '운동' 네 가지로 나눠 자율신경계가 흐트러지는 구조와 개선 방법을 일러스트를 곁들여 알기 쉽게 설명한다.

몸과 마음이 실제 나이보다 젊어질 수 있는 건 자신에게 달려 있다.

즐거운 셀프 프로듀스에 꼭 도전해 보시기를….

준텐도대학 의학부교수

고바야시 히로유키

머리말 2

4

차례

잠 못들 정도로 재미있는 이야기

자율신경계

CONTENTS

제2장

자율신경계 균형에 도움이 되는 생활습관

제3장

자율신경계를 조절하는 식생활

제4장

자율신경계를 조절하는 멘탈력

제5장

자율신경계를 조절하는 운동

제 1 장

자율신경계란?

01 병원에 가도 해결되지 않는 원인 모를 신체 이상 증상의 정체

원인은 자율신경계의 이상

'왠지 기분이 가라앉는다', '뭘 해도 귀찮다', '갑자기 짜증이 나고 자주 화를 낸다'.

바쁜 일상에 쫓기다 보면 이런 마음의 장애를 느낄 때가 많다. 이 밖에 어지럼증이나 두통, 심장 두근거림, 어깨 결림, 요통, 수족 냉증이나 부종, 불면증과 같은 불쾌한 신체 증상으로 힘들어하는 사람도 많다. 병원에서 정밀 검사를 받았는데도 원인이 발견되지 않을 때는 단순히 피곤해서 그런 것이라는 말을 듣곤 한다.

그러나 피로감에도 대응이 필요한 것과 필요하지 않은 것이 있다. 취미로 하는 운동에 몰두해 몸을 움직이고 난 후에 느끼는 기분 좋은 피로감은 몸에 플러스가 된다. 한편 업무나 인간관계에 따른 스트레스가 강하면, 육체를 혹사시키지 않아도 몸이 무거워지는 심한 피로감을 느끼게 된다. 문제는 이런 불쾌한 증상을 동반하는 피로감이다.

불쾌한 증상을 느꼈을 때 우리의 몸에는 어떤 변화가 생길까? 그 열쇠를 쥐고 있는 것이 '자율신경계'이다. 분노, 긴장과 같은 강한 스트레스에 직면하면 자율신경계가 흐트러지고, 그 시그널은 앞에서 언급한 것과 같은 불쾌한 증상이 되어 우리 몸으로 전해진다. '매일 스트레스가 많아 몸이 좋지 않다', '나이가 들면서 체력과 기력이 떨어지는 것을 느낀다'와 같은 증상은 자율신경계의 이상에서 비롯된다.

과도한 스트레스가 자율신경계를 흐트러뜨려 신체 이상 증상의 원흉이 된다

마음의 장애   신체 이상 증상

병원에 가도 질병이 아니라는 진단을 받았다면, 자율신경계 기능 이상으로 생긴 신체적·정신적 장애인 경우가 많다.

병은 아닙니다.   그럼 이유가 뭘까?

생활습관, 식습관 등을 개선하지 않으면 큰 질병으로 이어질 가능성이 있다.

스트레스나 생활습관 때문에 자율신경계가 흐트러진다

밤샘

직장 상사의 괴롭힘   과도한 업무

02 자율신경계란 무엇일까?

혈액의 흐름이나 내장의 움직임을 관리한다

'자율신경계'의 역할을 설명하기 전에 '신경'이란 무엇인지 알아보자. 신경은 뇌와 몸의 각 기관이 정보를 주고받는 '통로'와 같은 것이다. 몸의 안과 밖에서 받는 여러 자극은 정보의 형태로 신경으로 전해져 뇌와 몸의 각 기관으로 보내지고, 다양한 움직임과 반응을 일으킨다. 우리가 통증을 느끼는 것도, 먼지가 많은 곳에서 재채기를 하는 것도 정보가 신경이라는 통로를 통해 전달되고 있다는 증거이다.

정보를 전달하는 신경계는 크게 뇌에서 척수로 연결된 '중추신경계'와 이곳에서 온몸 구석구석으로 뻗어 있는 '말초신경계'로 나뉜다. 말초신경계는 다시 '체성신경계'와 '자율신경계'로 나뉜다. 체성신경계에는 감각을 전달하는 '감각신경'과 손발 등의 근육을 움직이는 '운동신경'이 있다. 한편 자율신경계는 내장의 움직임, 혈액의 흐름 등 생명을 유지하는 데 필요한 기능을 관리한다.

자율신경계는 자기 뜻대로 제어하지 못한다. 심장을 움직여 혈액을 온몸으로 보내고, 호흡하고, 음식물을 소화시켜 영양소를 흡수하고, 더울 때 땀을 흘리고, 추울 때 몸을 떨게 해 체온을 조절하는 기능은 모두 자율신경계의 작용으로 제어된다. 자율신경계는 자고 있을 때도, 깨어 있을 때도 우리 의지와 상관없이 몸의 기능을 유지하기 위해 24시간 일하고 있다.

자율신경계의 위치

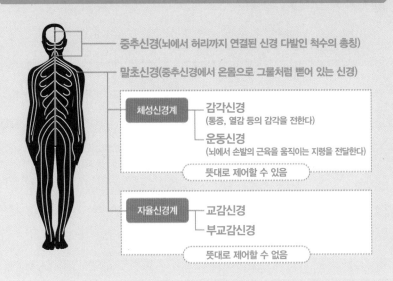

중추신경(뇌에서 허리까지 연결된 신경 다발인 척수의 총칭)

말초신경(중추신경에서 온몸으로 그물처럼 뻗어 있는 신경)

체성신경계

감각신경
(통증, 열감 등의 감각을 전한다)

운동신경
(뇌에서 손발의 근육을 움직이는 지령을 전달한다)

뜻대로 제어할 수 있음

자율신경계

교감신경

부교감신경

뜻대로 제어할 수 없음

13

자율신경계란 무엇일까?

자율신경계는 자기 뜻대로 제어할 수 없다

24시간 풀가동!

자는 동안에도 끊임없이 움직인다

자율신경계는 자기 뜻대로 제어할 수 없지만 365일, 24시간 동안 가동하고 있기 때문에 수면 중에도 계속 호흡하거나 체온을 일정하게 유지할 수 있다.

03 마음의 장애는 몸의 장애

자율신경계를 통해 연결되는 몸과 마음

우리의 건강은 몸을 구성하는 약 37조 개의 세포 하나하나가 철저하게 기능해 보호받고 있다. 이 세포의 에너지원이 충분한 영양분과 산소이다. 영양분과 산소가 부족해지면 세포가 제대로 기능하지 못하고, 결국 신체 각 기관에 이상이 생긴다. 이 중 가장 중요한 기관은 '뇌'이다. 영양분이나 산소가 부족해 뇌세포의 기능이 떨어지면 기억력이나 판단력이 저하될 뿐만 아니라 내장과 각 기관의 기능도 둔해진다. 위나 장의 기능이 떨어지면 소화와 영양 흡수가 나빠져 설사나 변비의 원인이 된다. 더욱이 피부, 머리카락, 손톱 등의 세포 재생이 정체되면 미용에도 악영향을 미친다.

몸이 이와 같은 타격을 입지 않기 위해서는 식사와 호흡으로 섭취한 영양분과 산소를 하나하나 확실하게 세포로 보내는 게 중요하다. 이 역할을 담당하는 것이 혈액이다. 앞에서 설명한 것처럼 혈액의 흐름을 관리하는 것이 자율신경계이다. 자율신경을 조절하면 혈액의 흐름이 좋아져 온몸의 세포 기능이 활성화된다.

자율신경계는 마음의 상태와 밀접한 관련이 있다. 분노나 불안으로 마음이 흐트러지면 자율신경계의 균형도 무너져 혈류가 나빠진다. 그러면 몸에도 여러 가지 장애가 나타난다. 즉, 몸과 마음은 자율신경을 통해 연결돼 있다. 따라서 마음의 상태가 좋으면 자율신경계도 균형이 잡혀 몸의 상태가 안정되는 것이다.

자율신경계는 뇌와 각 장기를 연결하는 라이프 라인

자율신경계는 뇌와 각 장기를 연결하는 중요한 역할을 하고, 생명의 유지에도 중요하다.

자율신경계

뇌

각 장기

장기	소화기, 위 등의 내장을 포함한 몸 전체 기관의 총칭

자율신경계가 안정되면 심신이 모두 건강해진다

자율신경계는 몸속을 순환하는 혈류를 제어한다. 자율신경계가 안정됐다는 것은 혈류가 좋고 건강하다는 것을 의미한다.

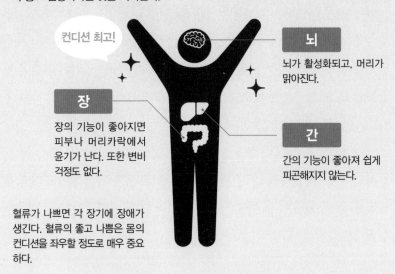

컨디션 최고!

뇌

뇌가 활성화되고, 머리가 맑아진다.

장

장의 기능이 좋아지면 피부나 머리카락에서 윤기가 난다. 또한 변비 걱정도 없다.

간

간의 기능이 좋아져 쉽게 피곤해지지 않는다.

혈류가 나쁘면 각 장기에 장애가 생긴다. 혈류의 좋고 나쁨은 몸의 컨디션을 좌우할 정도로 매우 중요하다.

04 교감신경과 부교감신경의 역할

몸을 조종하는 액셀과 브레이크

자율신경계는 '교감신경'과 '부교감신경'으로 나뉜다. 우리 몸을 자동차에 비유하면, 액셀의 역할을 하는 것은 교감신경, 브레이크의 역할을 하는 것은 부교감신경이다. 교감신경이 우위가 되면 혈관이 수축하고 심박수와 혈압이 올라간다. 심신이 모두 흥분 상태가 돼 마치 액셀을 밟고 앞으로 나가려는 상태가 된다. 한편 부교감신경이 우위가 되면 혈관이 느슨해져 심박수와 혈압이 떨어진다. 흥분 상태에 브레이크가 걸리면서 편안한 상태가 되는 것이다. 이와 같이 몸에 정반대의 역할을 하는 2개의 신경이 교차하면서 작용하는 덕분에 일할 때는 일하고, 쉴 때는 쉬는 탄력성 있는 활동이 가능하다.

평소 인간은 낮에는 교감신경, 밤에는 부교감신경이 우위가 된다. 하지만 현대인은 불규칙한 생활습관, 일이나 인간관계에 따른 스트레스 등과 같은 여러 가지 원인으로 자율신경계의 균형이 무너지기 쉽다. 교감신경이 우위에 있으면 온몸의 혈류가 나빠져 심신이 계속 흥분 상태가 되고, 부교감신경이 우위에 있으면 의욕이 생기지 않아 무기력감이나 피로감을 초래한다. 액셀과 브레이크 중 한쪽만 우위에 있지 않고, 둘의 균형이 적절하게 유지되면 비로소 인간이라는 자동차가 최고의 상태로 달릴 수 있는 것이다.

자율신경계에는 '교감신경'과 '부교감신경'이 있다

```
              자율신경계
       ┌────────────┴────────────┐
몸을 능동적으로 움직일 수 있게 하는    몸을 편안하게 만드는
      교감신경                   부교감신경
```

- 활동할 때
- 스트레스를 받았을 때

- 잘 때
- 쉴 때

**하루종일 양쪽 교감신경이 길항 작용을 하면서
한쪽이 우위인 상태가 된다**

교감신경과 부교감신경이 모두 높은 레벨을 유지하면 최적

스트레스를 느끼는 교감신경이 우위에 있으면 부교감신경의 작용이 나빠져 여러 가지 질병을 일으킨다. 이와 반대로 부교감신경이 우위에 있으면 면역력은 높아지지만, 알레르기가 발생하기 쉬워진다. 따라서 양쪽의 균형이 잘 맞는 상태가 가장 바람직하다.

■ 부교감신경을 높이려면

**음악감상이나
영화 보기**
(감동적인 이야기,
슬픈 이야기도 좋다)

미소
(의식적으로 입꼬리를
올린다)

심호흡하기

욕조에 몸 담그기

식사로 장 관리

■ 교감신경을 높이려면

대화

**아침 햇빛을
받으면서 걷기**

운동

교감신경과 부교감신경의 역할

05 자율신경계가 흐트러져서 생기는 신체 이상 증상의 종류

중병으로 이어질 위험도 있다

액셀인 교감신경과 브레이크인 부교감신경이 제대로 작동한다는 것은 '자율신경계가 안정된 상태'라는 것을 의미한다.

자율신경계의 이상은 몸과 마음에 여러 가지 괴로운 증상을 일으키는데, 그 주요 원인은 '혈류의 악화'이다. 교감신경이 과도하게 흥분하면 혈관이 수축해 혈액의 흐름이 나빠진다. 또한 부교감신경의 기능이 저하되면 혈류가 개선되지 못해 뇌나 내장까지 타격을 받게 된다.

신체에 이상이 생기면 쉽게 나른해지거나 피곤해지고, 혈액 순환이 나빠져 두통과 어깨결림, 내장 기능의 저하로 변비나 설사, 피부 트러블이 생긴다. 그리고 면역력이 떨어져 감기나 감염에 따른 질병에 걸리기 쉬워진다. 장기적으로는 혈관 수축에 따른 고혈압, 피가 끈적끈적해 혈관 내피에 상처가 생기는 것에 따른 동맥경화, 혈전에 따른 뇌경색, 심근경색 등 생명에 관련된 중병으로 이어질 위험성도 있다.

정신적으로는 불안 장애, 의욕 저하, 불면증, 과면증과 같은 수면 장애가 나타나기도 한다.

이러한 증상을 별것 아니라고 생각해 가볍게 넘겨서는 안 된다. 자율신경계의 이상이 무서운 질병으로 발전할 수 있기 때문이다.

자율신경계에 이상이 생기면 정신적 · 육체적 타격이 크다

교감신경과 부교감신경 중 한쪽이 지나치게 우위에 있으면 정신적 · 육체적으로 이상 증상이 생긴다. 특히 현대인에게 많은 교감신경 과잉 우위 상태는 면역력과 체력의 저하로 이어져 다양한 질병을 일으키는 원인이 된다.

자율신경계가 흐트러지면…

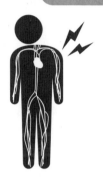

혈관이 수축돼 혈류가 정체되고 혈액이 끈적끈적해진다.

뇌와 내장이 타격을 입는다.

정신적인 이상

· 불안
· 의욕 저하
· 불면
· 불안 장애
· 집중력 저하
· 정서 불안정

신체 이상 증상

· 두통
· 심장 두근거림
· 호흡 곤란
· 어지럼증
· 어깨결림
· 변비
· 피로감
· 수족 냉증
· 권태감
· 가슴이 답답함
· 손발 저림

자율신경계가 흐트러져서 생기는 신체 이상 증상의 종류

06 원인 모를 요통은 걱정이 사라지면 나을 수 있다

혈류의 악화가 통증을 유발한다

딱히 무거운 물건을 든 적도 없고, 허리에 부담을 주는 일도 하지 않았는데 요통을 느껴본 경험이 있을 것이다. 예를 들어 병원에 가도 원인을 알 수 없는 만성요통은 자율신경계의 영향 때문일 수도 있다.

불안을 느끼거나 긴장이나 스트레스가 계속되는 것은 교감신경이 우위에서 작용하면서 혈관이 수축돼 혈류가 나빠졌기 때문이다. 보통 저녁부터 밤 동안에는 편안한 상태가 돼 부교감신경이 우위가 되지만, 긴장 상태가 지속돼 교감신경이 흥분된 상태이면 혈관은 계속 수축해 있다. 장시간 동안 혈류가 정체되면서 통증으로 이어지는 것이다. 사람에 따라서는 요통뿐만 아니라 두통이나 어깨결림, 몸이 무기력해지는 등과 같은 불쾌한 증상이 생길 수 있다.

만약 원인 불명의 통증 때문에 고통받고 있다면 스트레스를 받고 있거나 걱정거리가 있지 않은지 생각해 보자. 짐작되는 게 있다면 우선 몸을 쉬게 하거나 마음을 편안하게 해야 한다. 자기 전에 가벼운 스트레칭을 하거나 불규칙한 생활을 개선해 충분한 수면을 취하는 것도 중요하다. 일시적인 자율신경계 이상이라면 이와 같은 대처법만으로도 개선할 수 있다. 자율신경계의 균형이 잡히면 혈류가 좋아져 뇌의 기능이 향상되고 사물을 냉정하게 판단해 스트레스나 걱정거리를 긍정적인 방향으로 전환할 수 있게 된다.

원인 모를 통증의 원인은 스트레스에 따른 혈류 악화일지도

불안 장애나 스트레스, 긴장

교감신경이 흥분돼 혈관이 수축된 상태

장시간 혈류가 정체되면서 통증이 발생

원인 모를 통증이 있을 때는…

요통, 두통, 어깨결림과 같은 통증이 발생하면

스트레스나 걱정거리가 없는지 살펴본다.

스트레스나 걱정거리 때문에 생긴 통증은 마음의 긴장을 풀어 편안한 상태를 만들면 호전된다.

07 '자율신경계 이상'과 '우울증'의 차이

자율신경계 이상은 몸의 이상

　　　　　어지럼증, 권태감, 어깨결림, 요통, 두통, 심장의 두근거림과 같은 증상이 생겨 검진을 받았을 때 '자율신경 실조증'이라는 진단명이 나오는 경우가 있다. 이는 정식 병명이 아니라 자율신경계 이상에 따른 '증상'을 가리키는 것으로, 증상은 있어도 딱히 몸에 이상이 나타나지 않을 때 사용하는 용어이다.

　여성의 경우, 출산 후 호르몬 균형의 이상으로 자율신경계에 이상이 생길 수 있다. 상황에 따라 검진 받는 것이 어려울 수도 있지만, 출산 후에 몸에 이상이 느껴진다면 참지 말고 전문의와 상의하는 것이 좋다.

　자율신경 실조증인지 아닌지는 신경과에서 검사를 해 보면 바로 확인할 수 있다. 의사가 이상이 없다고 하면 신기하게도 증상이 완화되는 환자도 많다.

　반면, 우울증은 뇌 속 신경 전달 물질의 분비 이상으로 나타나는 마음의 '질병'으로, 정신 에너지가 현저하게 저하된 상태를 말한다. 우울증은 스트레스나 과로로 자율신경계가 흐트러지면서 발병하는 경우가 많은데, 이 밖에도 다양한 원인이 있으므로 한마디로 정의하기는 어렵다.

　우울증은 특별한 질병이 아니다. 기분이 계속 가라앉거나 몸이 생각대로 움직이지 않거나, 살아가는 일이 고통스럽다고 느껴질 때는 혼자 고민하지 말고 멘탈 클리닉에서 치료받기를 권한다.

자율신경계 이상은 몸의 이상, 우울증은 마음의 병

자율신경계 이상

몸, 마음의 병이 아님.

신체의 주요 증상

· 어지럼증 · 권태감 · 불면증
· 요통   · 두통   · 수족 냉증
· 심장의 두근거림

우울증

마음의 병

신체의 주요 증상

· 모든 일에 흥미가 사라진다.
· 불안감이나 절망감이 강해진다.
· 자책한다.
· 자살 충동이 있다.

여성은 출산 후 스트레스나 호르몬 이상으로 자율신경계가 흐트러지기 쉽다

출산 후 생활 환경이 갑자기 바뀌거나, 육아에 따른 피로와 수면 부족으로 스트레스가 많아지거나, 출산으로 호르몬의 균형이 무너지면 자율신경계가 흐트러지기 쉽다.

이런 고민이 발단이 된다

· 젖이 나오지 않는다.
· 시어머니가 신경 쓰인다.
· 남편이 육아의 어려움을 모른다.

**혼자 고민하지 말고
가까운 사람에게 상담하자.**

08 자율신경계에 이상이 생기는 나이가 있다

남성은 30대, 여성은 40대부터 기능이 저하된다

자율신경계의 균형에 이상을 일으키는 원인은 스트레스나 불규칙한 생활습관만이 아니다. 나이도 자율신경계의 작용에 큰 영향을 미친다. 10~20대처럼 젊었을 때는 부교감신경의 작용이 높아져 다소 무리를 하거나 밤을 새워도 하룻밤만 쉬면 피로를 풀 수 있다. 하지만 남성은 30대, 여성은 40대 정도부터 부교감신경의 기능이 급격하게 쇠퇴하기 시작하면서 교감신경이 우위인 상태가 되기 쉬워진다. 교감신경이 우위가 되면 혈류가 나빠져 온몸의 기능이 저하된다.

남성은 대체로 30대 중반부터 신경이나 근육에 충분한 영양을 공급하기 어려워지고, 체력과 근력의 쇠퇴가 두드러지기 시작한다. 실제로 남성 운동선수의 은퇴도 이 연령대의 전후에 집중된다. 이처럼 부교감신경의 쇠퇴가 신체 기능에 영향을 미친다는 사실은 분명하다.

여성은 40대 이후에 심신에 여러 가지 이상 증상을 느끼기 쉽다. 열감, 어지럼증, 심장 두근거림, 불안감과 같은 갱년기 특유의 증상은 이 시기에 호르몬 균형이 크게 변하면서 발생하는 것이다.

집중력이나 판단력이 떨어지거나 충분히 쉬었는데도 피로가 가시지 않는등과 같은 몸의 이상에는 자율신경계가 크게 관여한다. 나이가 들면 자율신경계의 이상은 필연이라 생각하고 가능한 한 빨리 대책을 세우는 것이 좋다.

남성은 30대, 여성은 40대부터 자율신경계의 기능이 저하되기 시작한다

남성은 30대 이후   여성은 40대 이후

교감신경은 나이를 먹어도 별로 저하되지 않지만, 부교감신경이 급격하게 저하되는 나이가 남성은 30대, 여성은 40대 정도로 각각 다르다. 물론 사람에 따라 개인차는 있지만, 이 정도의 연령대가 되면 혈류가 나빠지면서 근육과 뇌의 기능이 둔해지고 쉽게 피곤해진다.

젊을 때는 부교감신경이 강하게 작용한다

어제는 정말 즐거웠어~

후회…

다음날   다음날

10~20대

젊었을 때는 부교감신경이 강하게 작용해서 자율신경계가 다소 흐트러져도 부교감신경이 바로 회복시켜 준다.

남성은 30대, 여성은 40대 이후

부교감신경이 갑자기 쇠퇴하기 때문에 젊었을 때처럼 밤을 새우면 다음날에는 피로가 풀리지 않은 상태로 하루를 보내게 된다.

09 나이보다 늙어 보이는 데는 이유가 있다

자율신경계가 균형을 이루면 회춘한다?

예전에 비해 금방 피곤해지거나, 평소와 똑같이 생활하는 데도 피부 트러블이 생기거나, 지금까지 그냥 지나치던 사소한 일에 짜증이 나는 상태를 '나이 탓'으로 생각하는 사람도 있을 것이다. 그런데 똑같이 나이를 먹는데도 외모가 젊어 보이고 건강한 사람이 많은 것도 사실이다.

이와 같은 차이는 자율신경계 때문이다. 자율신경계가 균형을 이루면 위장 상태가 좋아져 영양소를 충분히 흡수할 수 있게 되고, 혈액의 질이 좋아져 피부와 머리카락에 윤기가 생긴다. 흡수되지 못한 영양소가 지방으로 축적되는 일도 없다. 즉, 자율신경계의 균형이 잡힌 사람은 외모와 신체 모두 실제 나이보다 젊게 살 수 있다.

데이터를 보면 남성은 20대 이후, 여성은 40대 이후에 자율신경계의 총량이 10년에 15%씩 떨어진다. 젊었을 때는 다소 무리를 해서 자율신경계가 흐트러져도 부교감신경이 회복시켜 정상적인 상태로 돌아오게 해 주지만, 나이가 들면서 부교감신경이 저하되면 쉽게 회복하지 못한다. 따라서 나이를 먹을수록 자율신경계의 균형을 맞추려는 노력이 필요하다. 좀 더 구체적으로는 저하된 부교감신경의 작용을 높이는 게 중요하다. 면역력 저하로 수반되는 질병의 발병을 멈추게 할 뿐만 아니라 노화도 지연시키기 때문이다.

자율신경계가 균형을 이루면 실제 나이보다 젊게 보인다

자율신경계가 균형을 이루면 질이 좋은 혈액이 온몸 구석구석으로 전달되면서 건강 상태가 좋아지고 외모가 젊어질 뿐 아니라 내면에도 활기가 생긴다.

와, 부럽다!

최근 살이 쪘다거나 왠지 컨디션이 좋지 않다면 자율신경계를 제대로 조절해 보기를 바란다. 그러면 중년 이후에도 젊고 건강하게 지낼 수 있다.

자율신경계가 균형을 이루면 회춘하는 이유

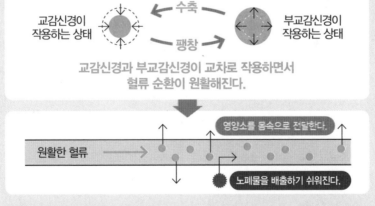

교감신경이 작용하는 상태 ← 수축 ← 팽창 → 부교감신경이 작용하는 상태

교감신경과 부교감신경이 교차로 작용하면서 혈류 순환이 원활해진다.

원활한 혈류 → 영양소를 몸속으로 전달한다.

노폐물을 배출하기 쉬워진다.

혈관은 교감신경이 강하게 작용할 때는 수축하고, 부교감신경이 강하게 작용할 때는 확장된다. 둘 다 균형감 있는 작용으로 수축과 확장을 반복하면서 몸 구석구석으로 혈액이 보내지면 뇌를 비롯한 각 기관에 영양소가 잘 전달돼 육체적·정신적으로 젊게 살 수 있다.

10 자율신경계를 조절하는 최고의 방법

자율신경계에 작용하는 3가지 기본 요소

1장의 시작 부분에서 '자율신경계는 스스로 제어하지 못한다'고 설명했다. 하지만 직접 제어하지는 못하더라도 자율신경계가 균형을 이루도록 작용할 수는 있다.

우선 생활습관이 중요하다. 생활 리듬을 규칙적으로 만들면 자율신경계의 기능도 안정화된다. 이와 반대로 수면이 부족하거나 밤을 샐 경우 교감신경을 흥분시키는 원인이 되므로 삼가도록 하자. 또한 불규칙한 식생활이 되지 않도록 주의한다. 식사 시간이 불규칙하거나 영양이 한쪽으로 편중되면 자율신경계의 균형이 쉽게 무너진다.

운동도 효과적이다. 긴장이나 분노로 교감신경이 활성화될 때는 스트레칭과 같은 가벼운 운동만으로도 혈류가 좋아져 어깨결림 등과 같은 증상이 개선될 수 있다. 만약 의욕이 생기지 않을 때는 등을 곧게 세우고 손을 크게 흔들면서 빠르게 걸으면 교감신경이 활성화되면서 기분이 긍정적으로 변한다.

멘탈케어도 중요하다. 스트레스가 과도해도 좋지 않지만, 스트레스가 전혀 없는 상태도 자율신경계를 흐트러뜨리는 원인이 된다. 스트레스를 적절히 이용해 자율신경계의 안정을 도모하자.

규칙적인 생활습관, 적당한 운동, 멘탈케어는 우리의 건강을 지키는 데 필요한 기본 요소이다. 이러한 기본 요소의 개선은 자율신경계의 균형을 이루는 데 많은 도움이 된다.

자율신경계가 균형을 이루는 데 효과적인 3가지 방법

자율신경계는 자기 뜻대로 심장을 멈추거나, 움직이거나, 혈류를 높이지는 못하지만, 균형이 무너지지 않도록 만들 수는 있다. 이때 효과적인 방법은 규칙적인 생활습관, 적당한 운동, 멘탈케어이다.

❶ 규칙적인 생활습관
평소 규칙적인 생활이나 균형 잡힌 식생활을 유지하면 자율신경계가 안정된다. 아침에 일찍 일어나 아침 식사부터 시작해 보자. 밤샘, 과음, 담배는 좋지 않다(2, 3장 참조).

❷ 적당한 운동
걷기, 스트레칭 등과 같이 심호흡을 하면서 할 수 있는 가벼운 운동이 효과적이다. 달리기와 같이 격렬한 운동은 오히려 교감신경을 흥분시킬 수 있으므로 주의해야 한다(116쪽 참조).

❸ 멘탈케어
강한 스트레스는 교감신경을 급격하게 흥분시켜 전체적인 균형을 무너뜨린다. 그러나 스트레스가 없는 생활은 불가능하기 때문에 스트레스와 잘 지내는 방법을 터득해 두자(4장 참조).

자율신경계를 조절하는 최고의 방법

11 당신은 어떤 타입? 자율신경계의 4가지 타입

'1:1' 균형이 이상적

교감신경과 부교감신경의 균형 상태는 사람마다 다르다. 둘의 작용이 높은 사람도 있지만 낮은 사람도 있다. 교감신경과 부교감신경의 균형 상태는 다음 4가지 유형으로 나뉜다.

❶ 교감신경과 부교감신경 모두 높다

교감신경의 작용으로 높은 집중력과 과도한 긴장감을 가지면서 부교감신경의 작용으로 차분함과 편안함을 유지하는 상태이다. 심신 모두 최고의 컨디션이라 할 수 있는 상태이다.

❷ 교감신경이 높고 부교감신경이 낮다

스트레스가 심한 사람에게 많은 타입이다. 교감신경이 긴장이나 흥분을 일으키는데, 부교감신경의 브레이크가 듣지 않아 초조함과 불안함을 느끼기 쉬워진다. 혈류가 나빠지면 건강 상태에도 나쁜 영향을 끼친다.

❸ 교감신경이 낮고 부교감신경이 높다

액셀을 밟지 못해 의욕이나 집중력을 발휘하지 못한다. 브레이크가 너무 잘 들어 졸리거나 나른해지는 등 우울증 상태에 빠지게 된다.

❹ 교감신경과 부교감신경이 둘 다 낮다

자율신경계가 필요한 기능을 전혀 하지 못하는 상태로, 활동 자체가 곤란해진다.

교감신경과 부교감신경은 ❶처럼 둘 다 높은 '1 : 1' 균형으로 작용하는 게 이상적이다. ❷나 ❸과 같이 '1 : 1.5' 이상의 차이가 생기면 몸과 마음에 이상이 생기기 쉽다.

자율신경계의 유형은 4가지로 나뉜다

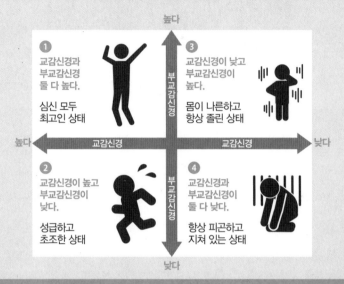

높다

①
교감신경과
부교감신경
둘 다 높다.

심신 모두
최고인 상태

③
교감신경이 낮고
부교감신경이
높다.

몸이 나른하고
항상 졸린 상태

높다 ← 교감신경 ······ 부교감신경 ······ 교감신경 → 낮다

부교감신경

②
교감신경이 높고
부교감신경이
낮다.

성급하고
초조한 상태

부교감신경

④
교감신경과
부교감신경
둘 다 낮다.

항상 피곤하고
지쳐 있는 상태

낮다

교감신경, 부교감신경 둘 다 극단적으로 낮으면 질병에 걸릴 위험성이 있다

② 교감신경이 높고 부교감신경이 낮은 유형은 스트레스가 많은 현대인에게 가장 많다. 항상 긴장하고 불안하기 때문에 혈류가 나빠져 면역력이 저하되고 감염병이나 다양한 질병에 걸릴 위험이 높아진다.

③ 교감신경이 낮고 부교감신경이 높은 유형은 지나치게 활성화된 부교감신경 때문에 알레르기가 발생할 확률이 높고 우울증에 걸릴 위험성도 있다.

④ 교감신경과 부교감신경 둘 다 낮은 유형은 의욕이나 패기가 없어 항상 지쳐 있다.

12 자율신경계를 자가 진단해 보자

제11장

나의 자율신경은 괜찮을까?

　　현대인들은 병원에서 검사를 하고 특별한 이상이 없다는 진단을 받았는데도 아침에 일어나기 힘들다거나, 뭘 해도 금방 피곤해지거나, 불안하고 초조하다거나, 감기에 자주 걸리고 잘 낫지 않거나, 왠지 의욕이 없는 등 원인을 알 수 없는 신체 이상 증상을 안고 있는 경우가 많다. 이런 증상은 대부분 자율신경계의 불균형에서 비롯된다. 자율신경계는 우리 몸에 중요한 역할을 하므로 균형이 무너지면 몸과 마음에 많은 영향을 끼친다.

　　자율신경계의 이상으로 생기는 신체 이상 증상은 사람에 따라 다양하지만, 자기 자율신경계의 균형 상태는 간단하게 확인할 수 있다.

　　다음 체크리스트는 자율신경계의 이상으로 생기기 쉬운 증상을 16가지 항목으로 정리한 것이다. 자신에 해당하는 항목에 체크하면 된다. 이 각 증상 중 1개라도 해당하고 그 상태가 만성적으로 지속된다면, 자율신경계의 균형이 무너져 있을 가능성이 높다. 이와 같은 자율신경계 이상이 지속되면 '자율신경 실조증'이라는 진단을 받게 된다.

　　56쪽에서는 스마트폰의 카메라 기능을 이용해 자율신경계를 자가 측정할 수 있는 애플리케이션을 소개한다. 자율신경계의 상태를 더욱 꼼꼼하게 확인하고 싶다면 애플리케이션을 다운로드해 보자.

혼자서 할 수 있는
자율신경계 자가진단표

다음의 16가지 항목 중 해당하는 것이 있습니까?

☐ 금방 피곤해진다.

☐ 의욕이 없다.

☐ 감기에 걸리는 횟수가 많다.

☐ 두통이 있다.

☐ 항상 불안하다.

☐ 산만해지기 쉽다.

☐ 이유 없이 초조해진다.

☐ 손발이 차다.

☐ 어깨가 결린다.

☐ 쉽게 긴장하고 스트레스를 잘 받는다.

☐ 요통이 있다.

☐ 아무리 잠을 자도 피로가 가시지 않는다.

☐ 사고력, 결단력이 떨어졌다는 느낌이 든다.

☐ 속이 불편하고 변비나 설사 증상이 있다.

☐ 피부가 건조하고 머리카락이 푸석푸석하다.

1개라도 해당하는 항목이 있다면 이미 자율신경계의 균형이 어긋나 있을 가능성이 있다. 또한 체크한 항목이 많을수록 자율신경계의 불균형이 많이 진행됐을 가능성이 높다.

같은 통증이 지속될 때는…

병원에 갈 정도는 아닌 가벼운 통증과 기침이 2~3일 동안 지속된 후에 아무 일도 없던 것처럼 나았던 적이 있을 것이다. 하지만 그런 작은 통증이라도 며칠간 지속될 때는 병원에 가서 진단이나 검사를 받아야 한다. 처음에는 작은 통증이라도 나중에 큰 통증으로 변하기도 하고, 중병일 수도 있기 때문이다. 병원에 갈지 안 갈지는 '2주'를 기준으로 판단하는 것이 좋다. 그 이상 통증이 계속되면 병원에 가자. 자율신경계 이상으로 생기는 통증은 2주 이상 지속되지 않는다.

기준은 2주

제 **2** 장

자율신경계 균형에
도움이 되는 생활습관

13 '질병'이라는 검색어가 새로운 '질병'을 만든다

'질병'을 만드는 '건강염려증'이란?

대부분 한 번쯤은 신체 이상 증상을 인터넷으로 검색한 적이 있을 것이다. 처음에는 가벼운 마음으로 검색했는데, 전혀 예상하지 못했던 중병일 가능성이 있다는 기사를 읽고 불안해진 적도 있을 것이다.

예를 들어 허리가 불편해 '허리 위화감' 등의 검색어로 검색해 보니 '암'의 증상과 일치한다면 갑자기 엉뚱한 걱정거리가 생기면서 머릿속이 온통 병에 대한 생각으로 가득 차버린다. 이렇게 인터넷이나 텔레비전에서 범람하는 다양한 정보에 휩쓸려 마음에 병이 생기는 증상을 '건강염려증'이라고 한다. 심한 경우에는 자신이 병에 걸렸다고 믿어 몸에 통증이 생기기도 한다.

병원에 내원하는 환자 중 실제로 확실한 병명이 있는 사람은 10% 정도이고, 나머지 90%의 환자는 특별한 질환이 아닌 가벼운 신체의 변화나 증상인 경우가 대부분이다. 질병을 검색하고 마음에 병이 생길 정도라면 바로 병원에 가는 편이 현명하다. 진짜 질병이라면 치료를 빨리 시작할 수 있고, 그렇지 않은 경우에는 마음의 안정을 찾을 수 있다.

병원에 가는 기준은 몸의 이상 증상이 2주 동안 지속될 경우이다. 단기간의 증상일 경우에는 질 좋은 수면이나 목욕과 스트레칭 등 이 책에서 소개하는 자율신경계 조절 방법으로 대부분 개선할 수 있다.

신체 이상 증상은 인터넷에서 검색하면 안 된다

인터넷의 정보 중에는 모르는 게 약인 병명도 자주 나온다.

한 번 자신이 병에 걸렸을지 모른 다고 의심하게 되면 불안감이 점점 심해져 자꾸 검색하게 된다.

신체 이상 증상은 2주를 기준으로 판단

마음의 안정

빨리 발견해 다행이다!

병이 아니라면…

설사 병에 걸렸다고 해도…

37

'질병'이라는 검색어가 새로운 '질병'을 만든다

14 자율신경계의 리듬은 시간대에 따라 달라진다

규칙적인 생활로 체내 시계를 정상화한다

아침에 일어나고 저녁에 잠을 자는 생체 리듬은 우리 몸속에 있는 '체내 시계'로 관리된다. 체내 시계는 자율신경계의 리듬과 밀접한 관계가 있다. 낮에는 교감신경이 우위에 있고, 밤에는 부교감신경이 우위로 바뀌는 것이 자율신경계의 정상적인 리듬이다. 이것이 체내 시계와 연결돼 낮에는 활발하게 움직이기 위해 액셀을 작용시키고, 밤에는 충분한 휴식을 취하기 위해 브레이크가 잘 걸리도록 제어하고 있다.

그런데 밤을 새우거나, 늦잠을 자거나, 식사 시간이 일정하지 않은 등 불규칙한 생활을 반복하면 자율신경계의 리듬이 깨진다. 교감신경과 부교감신경이 순조롭게 변환되지 못하면서 아침에 일어나도 개운하지 않고, 밤이 깊어도 좀처럼 잠이 들지 못하는 등 불쾌한 증상이 나타난다. 더욱이 인간의 체내 시계 주기는 하루에 약 25시간으로, 지구의 자전 주기인 하루 24시간과 근소한 차이가 있다. 보통은 이 차이를 수정하면서 생체 리듬을 유지하는데, 불규칙한 생활이 계속되면 체내 시계와의 차이가 커지면서 자율신경계가 더욱 흐트러지는 악순환에 빠지는 것이다.

교감신경이 활발해지는 아침에는 반드시 일어나고, 부교감신경이 최고치인 한밤중에는 잠을 푹 자도록 규칙적인 생체 리듬을 유지하는 것이 자율신경계 안정화의 기본이다.

이상적인 자율신경계의 리듬과 흐트러진 자율신경계의 리듬

이상적인 자율신경계의 리듬

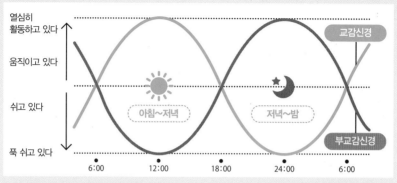

이상적인 자율신경계의 리듬은 낮에는 교감신경, 밤에는 부교감신경이 열심히 활동하는 상태를 말한다. 이 '열심히 움직인다'는 점이 중요한데, 대충 움직이면 전체적인 균형이 무너진다.

흐트러진 자율신경의 리듬

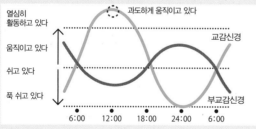

언밸런스형

교감신경이 낮에 과도하게 활동하면 전체적인 자율신경계의 균형이 무너진다. 또한 부교감신경이 과도하게 활동할 때도 마찬가지다.

전신 활력 부족형

최근 들어 자율신경계의 움직임이 전체적으로 약해진 유형이 증가하고 있다. 무기력, 의욕 저하가 우려된다.

자율신경계의 리듬은 시간대에 따라 달라진다

15 자율신경계 조절에 가장 좋은 아침 생활법

초조해하지 않는 것이 포인트

자율신경계가 안정된 상태로 하루를 보내기 위해서는 아침이 중요하다. 한밤중에 최고치를 찍는 부교감신경은 날이 밝으면서 서서히 저하되고 교감신경이 우위를 차지한다. 그러나 아침을 허둥지둥 맞이하면 부교감신경이 순식간에 저하돼 자율신경계의 균형이 무너지면서 긴장이나 흥분 상태가 하루 종일 지속된다. 이런 상태로 하루를 보내지 않으려면 아침을 잘 보내는 몇 가지 포인트가 필요하다.

가장 기본은 아침에 허둥지둥하지 않도록 30분 일찍 일어나는 것이다. 조급하거나 불안하지 않고 행동할 수 있어서 자율신경계가 잘 흐트러지지 않는다. 물건을 깜빡하거나 지각을 방지할 수도 있으니 일석이조이다.

그 다음은 잠이 깬 다음에 누운 채로 스트레칭을 하는 것이다. 혈류를 촉진해 온몸을 깨우는 효과가 있다.

잠자리에서 일어나 커튼을 젖히고 아침햇빛을 쐰다. 햇빛은 부교감신경과 교감신경의 스위치를 전환하는 역할을 한다.

그리고 절대 빼놓으면 안 되는 것이 아침 식사이다. 아침 식사를 하면 장이 움직이기 시작한다. 장의 연동 운동은 부교감신경과 직결돼 있어 자율신경계를 안정시켜 준다. 물론 밤에는 빨리 잠자리에 들어 충분한 수면을 취하는 게 중요하다. 자율신경계의 균형을 잡아 하루를 기분 좋게 시작하자.

이상적인 아침 생활

아침에 아슬아슬하게 일어나서 정신없이 보내면 부교감신경이 갑자기 저하되면서 하루 종일 흥분과 긴장 상태가 지속된다. 이런 상태만으로도 하루가 엉망이 된다. 평소보다 30분 일찍 일어나 하루의 흐름을 역전시키자.

❶ 평소보다 30분 일찍 일어난다
　➡ 이 30분이 마음의 여유를 만든다.

❷ 일어나면 이불 속에서 스트레칭을 한다
　➡ 이 방법으로 자율신경계의 수면 모드에서 기상 모드로
　　스위치를 전환할 수 있다.

❸ 햇빛을 �ð�다.
　➡ 자율신경계를 조절하는 체내 시계의 리셋에 가장 적합하다.

❹ 물 한 컵을 마신다
　➡ 42쪽 참고.

❺ 느긋하게 아침 식사를 한다
　➡ 66쪽 참고.

※ ❶~❺는 물론 기타 모든 행동을 천천히 한다.

특히 ❸과 ❹는 자율신경계를 조절하는 체내 시계의 리셋에 가장 좋다!

아침 생활법에 따라 차이가 생긴다

여유 있는 아침

하루의 시작인 아침을 여유 있게 보내면 자율신경계가 안정된다. 낮에는 교감신경이 활성화돼 에너지가 넘치는 하루를 보낼 수 있고, 밤에는 부교감신경이 활발해지면서 잠을 푹 잘 수 있다.

여유 없는 아침

여유 없이 하루를 시작하면 교감신경은 흥분된 상태가 되고 부교감신경은 급하강한다. 호흡이 얕아지면서 초조하고 불안한 하루를 보내게 되고 밤에도 쉽게 잠들지 못한다.

자율신경계 조절에 가장 좋은 아침 생활법

16 아침에 일어나면 물 한 컵을 마신다

일어나자마자 마시는 물이 자율신경계를 조절한다

아침 습관으로 꼭 실천해 보길 바라는 또 한 가지는 일어나자마자 물 한 컵을 마시는 일이다.

우리의 몸은 60%가 수분으로 이루어져 있다. 생명의 원천이라고도 하는 물은 자율신경계에도 큰 영향을 미친다. 긴장하거나 혼란스러울 때 물을 마시면 차분해지면서 냉정함을 되찾을 수 있다. 그 이유는 물에 의해 장이 자극되고 부교감신경이 활성화되면서 자율신경계가 조절되기 때문이다. 더욱이 체내 시계의 리듬도 조절돼 자율신경계의 안정에도 도움이 된다.

아침에 마시는 물에는 이 밖에도 많은 장점이 있다. 물을 마시면 자고 있는 동안 꺼져 있던 위장의 스위치가 켜져 음식물을 받아들일 준비를 하기 시작한다. 장의 연동 운동이 촉진돼 변비도 개선할 수 있다. 몸의 수분이 부족한 상태가 계속되면 혈관이 손상되고 혈액도 끈적끈적해진다. 한밤중에 수분을 섭취하지 않은 만큼 아침에는 탈수 상태가 진행되고 있기 때문에 신속한 수분 공급이 필요하다.

물을 마시는 방법은 처음에는 한 번 가볍게 입을 헹궈 내어 자고 있는 동안 입안에 번식한 세균을 씻어내는 것이다. 또한 위장에 좋은 미지근한 물을 마시는 것이 좋다. 아침에 물 한 컵으로 시작해 하루에 1~2리터의 물을 자주 마시도록 하자.

물을 마시면 부교감신경이 활성화된다

초조하거나 불안해질 때 물을 마셨더니 마음이 차분해지는 경험을 한 적이 있을 것이다. 물은 자율신경을 조절하는 데 효과가 있다. 자주 수분을 보충하는 사람일수록 부교감신경이 활성화된 상태가 유지된다는 데이터도 있다.

| 물을 마신다. | → | 위장의 신경이 적당한 자극을 받는다. | → | 부교감신경이 활성화된다. | → | 자율신경이 안정화된다. |

마음가짐도 중요

이 물로 위장이 활발해서서 깨끗한 혈액이 몸 구석구석으로 전달될 거야. ♡

외출할 때도 물을 가지고 다니면서 하루에 1~2리터의 물을 천천히 자주 마시는 습관을 들이자.

아침에 마시는 물 한 컵은 하루 중 가장 중요

아침에 일어나서 먼저 햇빛을 쐬고 물 한 컵을 마시는 행위는 잠들어 있는 위장을 부드럽게 깨우고 자율신경계의 스위치를 전환하는 최고의 방법이다. 배변 활동이 원활해지는 효과도 있다.

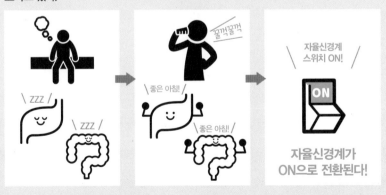

17 담배는 자율신경계에 악영향을 준다?

혈류 악화와 니코틴 의존증을 초래한다

흡연자는 "초조하고 불안할 때 담배를 피우면 후련해진다", "담배를 들이마시면 깊게 심호흡을 할 수 있어서 마음이 차분해진다"라고 말하며 담배를 스트레스 해소 도구로 여기는데, 과연 맞는 말일까? 대답은 'NO'이다.

담배에 들어 있는 니코틴은 교감신경을 과도하게 자극해 심박수를 증가시키고 혈압을 상승시키며 혈관을 수축시키는 작용을 한다. 결과적으로 혈류가 정체돼 혈액이 끈적끈적해지고 내장의 기능이 저하돼 생활 습관병을 일으키는 원인이 된다. 또한 교감신경이 과도하게 우위가 되면서 자율신경계의 균형에도 악영향을 미친다.

담배를 피워서 초조하고 불안한 감정이 가라앉는 것은 니코틴에 따른 의존 증상과 밀접한 관련이 있다. 담배를 계속 피우면 뇌가 니코틴에 의존하게 되고 니코틴이 떨어지면 뇌가 니코틴을 요구하면서 불안해지고 초조해지기 시작한다. 이때 담배를 피우면 뇌가 만족해 마치 스트레스가 해소된 것처럼 느끼게 된다. 즉, 담배는 스트레스 해소 도구가 아니라 오히려 '니코틴 농도 감소'라는 스트레스의 원인이라 할 수 있다. 담배를 피우는 것으로는 결코 일상의 스트레스를 해소할 수 없다. 폐암을 비롯한 암의 원인 관계도 밝혀지고 있으니 백해무익하다. 어쩌다 피는 담배로도 의존증이 생길 수 있으므로 담배는 반드시 피하자.

담배는 여러 측면에서 자율신경계를 흐트러뜨린다

담배를 피우지 않는 동안

반복
(니코틴 중독)

> 담배를 빨리 피우고 싶다.

> 짜증 나!

'니코틴' 중독 증상에 따라 니코틴이 체내에서 약해지면 '니코틴 농도 감소' 가 일어나고 니코틴 욕구가 강해진다. 불안하고 초조해 집중이 안 된다.

담배를 피우는 동안

> 잠이 깬다!

> 집중력이 높아진다!

'니코틴'을 얻으면 뇌는 도파민을 방출해 초조함이 해소되고 머리가 맑아진다. 그러나 이는 중독 증상에서 한순간 해방된 것뿐으로, 길게 지속되지 않는다.

> **자율신경계의 균형은 니코틴이나 화학물질의 영향으로 계속 무너진다.**

금연도 스트레스

흡연은 폐암을 비롯한 여러 가지 질병에 걸릴 위험성이 높다.

일반적으로 금연하기까지 한 달 이상 걸린다고 한다. 무리한 금연은 과도한 스트레스를 유발해 자율신경계의 균형을 무너뜨린다. 금연할 의지가 있다면 치료 등과 같이 정신적으로 무리가 없는 방법을 선택하자.

18 숙면의 최고 루틴

> 수면의 질은 밤을 보내는 방법에 따라 달라진다

자율신경계를 조절하기 위해서는 수면의 질을 높일 필요가 있다. 그리고 부교감신경이 확실히 작용하는 '긴장 이완형(Relaxation) 수면'을 목표로 하는 게 중요하다.

매일 밤을 새우거나 얕은 수면 상태가 지속되면, 교감신경이 우위인 '긴장형 수면' 상태가 돼 잠을 많이 자도 몸이 개운하지 않고, 심신의 피로가 가시지 않는다. 한편 긴장 이완 수면이 가능해지면 전날의 피로를 충분히 회복할 수 있어서 아침에 잠에서 깨기도 쉬워진다. 이 긴장 이완 수면을 제대로 취하기 위해서는 취침 전까지 보내는 밤 시간의 루틴을 만드는 것이 좋다.

먼저 저녁 식사는 8시까지 끝내는 게 가장 좋다. 식후에 바로 취침하면 내장이 쉬지 못해 수면의 깊이가 얕아진다.

목욕을 할 경우 39~40℃ 정도의 미지근한 물에 15분 정도 들어가 있으면 부교감신경의 작용이 활발해져 수면의 질을 높일 수 있다. 너무 뜨거운 물에 담그거나 샤워로 간단하게 끝내는 것은 좋지 않다.

식사나 목욕 후에는 교감신경을 자극하지 않도록 마음을 편안하게 유지하는 것이 좋다. 자기 직전에 술을 마시면 수면이 얕아져 숙면을 취하지 못하므로 술은 이른 시간대에 즐기는 정도로 가볍게 마시는 것이 좋다. 취침 30분 전에는 스마트폰을 멀리 두고 편안한 상태로 잠자리에 들어야 숙면을 취할 수 있다. 매일 비슷한 시간에 일어나 규칙적인 생활을 하면 수면의 질이 좋아지고 자율신경계도 안정된다.

수면에는 '긴장 이완형 수면'과 '긴장형 수면'이 있다

수면 시간이 짧아도 푹 자면 생기는 '긴장 이완형 수면'과 수면 시간이 길어도 피로가 남는 '긴장형 수면'의 차이점은 다음과 같다.

긴장 이완형 수면

- 심신이 모두 편안한 상태로 느긋하게 수면을 취한다.
- 뇌와 내장의 기능이 억제돼 있다.

긴장형 수면

- 수면 중에도 긴장·흥분된 상태
- 수면 중에도 뇌와 내장이 움직이고 있다.

취침 전에 하는 행동이 수면을 방해할 수도 있다

긴장 이완형 수면과 긴장형 수면을 좌우하는 취침 전 행동은 다음과 같다.

부교감신경을 활성화하는
'긴장 이완형 수면'이 가능한 행동

- 몸을 39~40℃ 정도의 물에 15분 정도 담근다.
- 자기 전에는 모든 동작을 천천히 한다.
- 저녁을 먹고 3시간이 지난 후에 잔다.
- 밤 12시 이전에는 잠자리에 든다.

교감신경을 활성화하는
'긴장형 수면'을 초래하는 행동

- 취침 직전까지 스마트폰이나 텔레비전을 본다.
- 밤에도 낮처럼 밝은 조명 아래에서 지낸다.
- 먹고 바로 잔다.
- 42℃ 이상의 뜨거운 물에 몸을 담근다.
- 자기 전에 술을 마신다.

19 라벤더 향은 수면을 돕는 최고의 조력자

자율신경계 균형에 도움이 되는 생활습관

좋은 향이나 낮에 하는 운동으로 질 좋은 수면을

질 좋은 긴장 이완형 수면을 할 수 있는 방법은 이 밖에도 몇 가지가 있다.

첫 번째는 운동이다. 운동은 자율신경계를 조절하는 작용을 하는데(자세한 내용은 후술), 수면의 리듬을 조절하는 호르몬 '멜라토닌'의 원료인 '세로토닌'이라는 신경 전달 물질을 합성하는 기능도 있다. 햇빛을 받으며 적당한 운동을 하면 세로토닌의 합성이 촉진되므로 낮에는 걷기 등으로 몸을 움직이자.

두 번째는 불안감 해소이다. 모든 불안감을 제거하지는 못하더라도 적어도 다음날 아침을 허둥지둥 보내지 않도록 밤 동안에 할 수 있는 준비는 해두자. 옷을 고르거나 가방을 준비해 두기만 해도 불안감을 훨씬 줄일 수 있고 숙면을 취할 수 있다.

세 번째는 '향기'를 이용한 긴장 이완이다. 그중에서도 릴랙스 효과가 있는 것이 '라벤더향'이다. 밤에 식사와 목욕을 끝낸 후에 릴랙스 타임을 갖고, 라벤더 차를 마시거나 라벤더 오일로 아로마테라피를 하는 등 향기로 긴장을 풀어 주자. 잘 때 머리맡에 라벤더 오일을 한 방울 떨어뜨린 손수건을 두기만 해도 효과적이다. 이 밖에도 캐모마일, 클라리세이지, 백단향 등도 긴장을 완화하는 데 도움이 된다. 향기의 힘을 빌려 잠을 편안하게 잘 수 있는 환경을 만들자.

수면의 질을 높이는 3가지 방법

1 낮에는 15분에서 30분 정도 걷는다

잠이 들려면 '멜라토닌'이라는 호르몬이 필요하다. 이 멜라토닌을 만들기 위해서는 '세로토닌'이라는 신경 물질이 필요하다. 세로토닌은 적당한 운동과 햇빛을 쐬면 활발하게 분비되므로 아침 산책이나 걷기 등으로 '세로토닌'을 체내에 저장해 두자.

2 불안 요소를 줄인다

이불 속에 들어갔는데, 머릿속에 걱정거리가 떠올라 교감신경이 흥분하면 잠을 깊이 잘 수 없다. 걱정거리는 미리 제거해 두는 것이 현명한 방법이다. 그 예로 내일 입을 옷을 정해 두기, 일찍 일어나야 할 경우에는 알람을 여러 개 세팅해 두기 등 안심할 수 있는 요소를 미리 마련해 두면 좋다.

3 수면 환경을 만든다

평소 자신이 편안해질 수 있는 환경을 만드는 게 중요하다.

20 자율신경계가 바로 조절되는 1:2 호흡법

깊은 호흡과 시선이 위를 향하는 자세

우리가 평소 무의식적으로 하고 있는 '호흡'도 자율신경계에 큰 영향을 미친다. 사람은 스트레스를 받으면 교감신경의 작용이 활성화돼 호흡이 무의식적으로 얕아진다. 한편 천천히, 깊게 하는 호흡에는 부교감신경의 작용을 활성화하는 효과가 있다. 혈관이 확장돼 혈압이 떨어지고 온몸의 혈류가 개선되면서 심신이 편안한 상태가 된다. 즉, 자율신경계를 조절하는 데는 깊은 심호흡이 중요한 것이다.

평소 실천하면 좋은 방법 중 하나는 숨을 들이마실 때는 '1', 내뱉을 때는 '2'의 비율로 호흡하는 '1:2 호흡법'이다. 3~4초 동안 코로 숨을 들이마시고, 6~8초 동안 입으로 천천히 내뱉는다. 실험 결과를 통해서도 이 호흡법을 하루에 한 번, 세 번으로 나눠 실천하면 자율신경계의 상태가 서서히 안정된다는 것을 알 수 있다. 초조함, 심리적인 압박감, 긴장감을 느낄 때 이 호흡법을 사용하면 바로 호흡이 깊어지면서 편안해진다.

깊은 호흡을 할 때는 자세도 중요하다. 새우등이나 구부정한 자세는 기도가 좁아져 호흡이 얕아지는 원인이 된다. 긴 시간 동안 앉아서 업무를 보거나 스마트폰을 만지는 일도 이와 마찬가지다. 깊게 호흡하기 위해서라도 평소 등을 곧게 펴고 시선을 위로 향하는 게 중요하다. 바쁘더라도 휴식을 할 때는 창을 열고 하늘을 보면서 깊게 심호흡을 하거나 짧게라도 밖에 나가 등을 펴고 걷는 등 자율신경계가 안정되도록 노력하자.

부교감신경을 활성화하는 1:2 호흡법

자율신경계에 큰 영향을 미치는 호흡 방법이다. 이 방법을 사용하면 부교감신경이 활성화돼 장내 환경이 안정되고, 혈류도 좋아진다. 업무 중간이나 초조하고 불안해질 때 의식적으로 실천해 보자.

① 1, 2, 3, 4

코로 3~4초 동안 숨을
들이마신다.

② 1, 2, 3, 4

5, 6, 7, 8

오므린 입으로 6~8초 정도에
걸쳐 숨을 내뱉는다.
최대한 천천히 길게 호흡한다.

하루에 한 번, 3분을 목표로 한다

이럴 때도 1:2 호흡법이 효과적

사람은 스트레스나 심리적 압박을 느낄 때, 초조하고 불안할 때 호흡이 얕고 빨라진다. 이럴 때도 의식적으로 1:2 호흡법을 실천해 보자. 감정이 가라앉고, 머리가 맑아지며, 좋은 아이디어나 해결책 등이 떠오르기도 한다.

집중력이
떨어졌을 때

초조하거나
불안할 때

심리적인
압박감을 느낄 때

21 자율신경계를 조절하는 목욕법

39~40℃의 물에서 15분간 목욕하는 것이 가장 좋다

앞에서 자율신경계를 조절하는 데는 밤을 어떻게 보내느냐에 따라 달려 있다고 설명했다. 그중에서도 중요한 요소 중 하나인 '목욕'에 대해 좀 더 자세하게 알아보자.

이상적인 목욕 기준은 15분 동안 39~40℃의 따뜻한 물에 몸을 담그는 것이다. 그리고 15분 중 처음 5분 동안은 목까지, 나머지 10분 동안은 명치 근처까지 담그는 것이 자율신경계에 가장 효과적이다. 혈행 촉진에 가장 적합한 38.5~39℃가 심부 체온을 높여 주기 때문에 부교감신경의 기능이 활성화돼 잠을 푹 잘 수 있다.

반대로 42℃ 이상의 뜨거운 물은 교감신경을 급격하게 흥분시키고 혈관을 수축시킨다. 혈압이 급상승해 뇌졸중이나 심근경색 등과 같은 질병을 일으킬 위험성이 있다. 심신을 흥분시키는 스위치가 켜져 수면의 질도 저하된다. 또한 만약 적당한 온도라도 지나치게 긴 목욕은 탈수 증상을 일으킬 수 있으므로 주의해야 한다.

목욕을 생략하고 샤워만 하는 사람도 있을 것이다. 샤워는 체온을 낮춰 부교감신경의 작용을 저하시키므로 밤에는 권하지 않는다. 여름에도 39~40℃의 따뜻한 물에 15분 동안 느긋하게 몸을 담그자.

건강, 자율신경에 좋은 목욕법

목욕은 온도나 방법에 따라 교감신경을 지나치게 활성화하거나 질병을 일으키기도 한다.
몸에 부담을 주지 않고 자율신경계가 안정될 수 있는 목욕법을 소개한다.

목욕의 타이밍

39~40℃의 미지근한 물이 가장 혈류가 좋아지는 온도이다. 가을, 겨울처럼 추울 때는 온도를 높이고 싶지만, 물의 온도가 다르다고 해서 몸이 따뜻해지는 방법이 달라지는 것도 아니고 몸에 부담을 줄 뿐이므로 삼가는 것이 좋다.

43도 이상의 뜨거운 물은 교감신경을 급격하게 활성화해 혈관이 수축되게 한다. 따라서 혈액이 끈적끈적해져 고혈압과 뇌졸중을 일으킬 위험성이 있다. 또한 직장(창자)의 온도가 너무 높아지면 자율신경계의 균형이 무너진다.

목욕법

❶ 우선 처음 5분은 목까지 담근다. ❷ 남은 10분은 명치 근처까지 담근다.
❸ 15분 이상 담그면 탈수 증상을 일으킬 수 있으므로 삼가자.

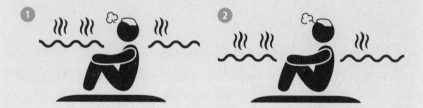

목욕 후에는…
물 한 컵을 마시자. 목욕으로 뺏긴 수분을 보충하면서 몸의 노폐물을 배출해 준다.

자율신경계를 조절하는 목욕법

22 피로가 누적됐을 때는 더 많이 움직인다

늦잠이나 빈둥거리는 행동은 자율신경계를 흐트러뜨린다

피로가 누적되면 쉬고 싶다는 생각이 드는 게 당연하다. 하지만 그럴 때일수록 적극적으로 활동하면 자율신경계의 균형이 잡히면서 피로회복도 빨라진다.

강행군이 계속되면 주말에는 늦잠을 자기 마련이지만, 오히려 일부러 아침에 일찍 일어나기를 권한다. 이미 설명한 대로 교감신경은 낮, 부교감신경은 심야에 최고치에 이른다. 쉬는 날이라고 해서 늦잠을 자거나 낮잠을 자면 자율신경계가 흐트러져 오히려 피로가 쌓이게 된다. 피로를 빨리 회복하고 싶다면, 주말에도 평소와 같은 생활 리듬을 유지하는 게 중요하다. 아침에 일찍 일어나 취미 생활이나 하고 싶었던 일을 해 보자. 몸과 마음의 생기를 되찾으면 자율신경계의 균형이 잡히고 피로 회복에도 도움이 된다.

귀가 후 소파에 앉자마자 피로가 갑자기 몰려와 좀처럼 집안일을 시작하기 힘든 사람도 많을 것이다. 한 번 꺼진 스위치를 켜려면 매우 많은 에너지가 필요하고, 이는 더 큰 피로를 초래한다. 녹초가 되어 귀가한 날일수록 쉬고 싶은 마음을 억누르고 집안일과 해야 할 일을 먼저 해치우는 게 좋다. 그러면 밤의 릴랙스 타임을 느긋하게 보낼 수 있고, 결과적으로 피로도 빨리 해소할 수 있다.

피곤해도 소파에 앉지 않으면 움직일 수 있다!

직장 일이나 쇼핑을 하고 귀가해서 후에 소파에 앉아버리면 좀처럼 일어나지 못한다.
그 이유는 한 번 교감신경이 꺼지고 부교감신경이 활성화되면, 교감신경의 스위치를
다시 켜기가 힘들기 때문이다.

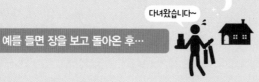

예를 들면 장을 보고 돌아온 후…

다녀왔습니다~

❶ 피곤해도 저녁 식사를 만든다. ➡ 손수 만든 요리를 먹었다.

기운 내자!

맛있네.

※ 소파에 앉지 않는다.

❷ 피곤하니까 일단 앉는다. ➡ 영원히 일어나지 못한다.

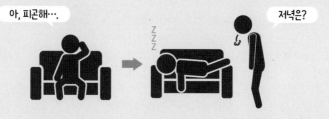

아, 피곤해….

ZZZ

저녁은?

❶ 피곤하지만 참고 요리를 시작했더니 의외로 착착 진행돼 맛있는 요리를 먹
을 수 있었다.
❷ 잠시 쉬고 요리를 시작할 생각이었지만, 도저히 일어나지 못하다가 잠이 들
어버렸다.

사람은 '기운 내자!'라는 생각이 들 때 기운을 내지 못하면 피로감을 느끼게 된다.
피곤하더라도 해야 할 일이 남아 있을 때는 쉬지 말고 해치우는 편이 피로감을 최소
화하는 데 도움이 된다.

55

피로가 누적됐을 때는 더 많이 움직인다

스마트폰으로 자율신경계의 상태를 알 수 있는 애플리케이션

CARTE by Cyberagent

자율신경계를 스마트폰으로 측정할 수 있다!

'CARTE'는 이 책의 감수자인 고바야시 히로유키가 감수한 스마트폰 애플리케이션이다. 스마트폰 카메라에 60초 동안 손가락을 대기만 해도 '이너 파워'를 통해 1~100의 수치로 자율신경계의 상태를 알려 준다. 계측한 점수는 보존할 수 있으므로 건강 관리에도 도움이 된다.

1 카메라에 댄 손가락으로 맥박을 습득한다. 약 60초 동안 심박의 변동을 해석해 자율신경계의 점수로 '이너 파워'를 산출한다.

2 '이너 파워'는 피로·스트레스의 정도를 양으로 파악 하는 '자율신경계 활동량'과 교감신경·부교감신경 에서 산출된 '자율신경계 균형'을 해석해 수치로 나 타낸 것을 말한다.

3 이너파워의 수치를 바탕으로 지금 자신의 상태에 맞춘 스트레칭을 가르쳐 준다. 같이 따라 하면서 이 너 파워의 안정과 향상을 기대해 보자. 계절이나 날 씨, 수면 시간, 스트레스, 피곤한 정도와 같은 다양 한 요인으로 변하는 자율신경계를 본인 눈으로 확 인할 수 있어 신체 이상 증상의 원인 등을 개선하는 데 도움이 된다.

검색

🔍 CARTE

애플리케이션은 iOS에서 다운로드! 회원 등록, 이용은 전부 무료입니다. AppStore에서 'CARTE'로 입력하고 검색해 주세요.

대응 단말기와 OS에 대해서
· iPhone 5s 이후의 단말기부터 이용 가능합니다.
· 플래시가 있는 단말기에서만 이용할 수 있으니 확인해 주세요.
※ iPhoneXs · iPhoneXs Max의 단말기에서는 iOS12,3,1 이후부터 이용 가능합니다.

CARTE

* 한국 AppStore에서는 'CARTE'로 검색되고 다운로드도 할 수 있으며, 현재 일본어 버전만 있다. - 옮긴이

제 3 장

자율신경계를
조절하는 식생활

23 마음과 장은 연결되어 있다

양질의 혈액은 장내 환경으로 결정된다

사람은 긴장했을 때 배가 아프기도 하고, 스트레스가 지속되면 변비나 설사 증상이 나타나기도 한다. 이는 장과 마음, 즉 자율신경계가 상호 작용한다는 증거이다. 장은 소화와 배변 기능 외에도 중요한 역할을 한다. 그중 하나가 혈액을 생산하는 원천이라는 점이다. 자율신경계의 안정을 위해서는 양질의 혈액에 따른 원활한 혈액 순환이 꼭 필요하다.

그렇다면 혈액의 질은 장 속에서 어떻게 결정되는 것일까? 장에는 무수한 세균이 있는데, 유익균이 20%, 유해균이 10%, 어느 쪽에도 속하지 않는 중간균이 70%를 차지하고 있다. 이 중간균이 불규칙적인 식생활 등으로 유해균으로 바뀌면 혈액의 질이 나빠지고, 유익균으로 바뀌면 좋아진다. 장내 환경이 정돈되면 혈액이 깨끗해져 혈류도 좋아지고 자율신경계도 안정된다. 이와 반대로 장내 환경이 흐트러지면 혈액이 끈적끈적해지고 혈류도 악화된다. 변비, 피부 트러블과 같은 신체 이상 증상이 나타날 뿐만 아니라 정신적으로도 불안하고 초조해지는 등 자율신경계의 균형도 무너진다.

장내 환경의 악화로 인한 변비도 우습게 넘겨선 안 된다. 변비에 걸리면 행복감을 좌우하는 세로토닌을 만들 수 없기 때문이다. 이 세로토닌이 뇌 속에서 분비되는 양은 겨우 몇 %에 불과하고, 약 95%는 장벽에서 만들어진다. 변비는 만성적인 장벽 염증이므로 당연히 세로토닌을 만드는 기능도 떨어지고 분비량도 크게 감소한다. 그 결과 기력이 저하되고 만성 피로나 우울증에 따른 마음의 병을 초래한다.

혈액을 만드는 원천인 '장'

안정된 자율신경계는 체내에 깨끗한 혈액이 있어야만 비로소 실현된다. 이 혈액을 만드는 것은 '장'이다. 장의 건강이 자율신경계와 직결되는 것이다.

자율신경계가 안정된 장은…

· 쾌변　　· 대변이 원활하다.
· 피부가 깨끗하다.

자율신경계가 흐트러진 장은…

· 변비　　· 설사
· 노폐물 축적으로 신체 이상 증상

장에서 행복 물질인 '세로토닌'의 95%가 생성된다

장내 환경이 나빠지면 부패 물질이나 독소가 가득찬 혈액이 온몸을 순환하고 뇌에 산소 부족을 일으키면서 부정적인 사고를 하게 되는데 이는 정신적인 장애로 이어진다. 또한 변비에 걸렸을 때 장에서 행복 물질인 '세로토닌'을 만들 수 없게 되고 뇌에서 세로토닌 분비가 멈추면 기력 저하, 의욕 저하뿐만 아니라 우울증으로까지 발전할 위험성이 있다.

장내 환경이 나쁘면…

우울증

기력 저하

의욕 저하

24 장 상태 자가 체크하기

배변이 장의 척도

음식물은 위에서 소화된 후에 소장에서 영양소와 수분이 흡수되고 대장으로 이동해 나머지 찌꺼기가 대변 상태로 배출된다. 이러한 장내 이동을 도와주는 것이 장이 수축하는 '연동 운동'이다. 장이 건강해 연동 운동이 활발해지면 영양소는 장벽에 충분히 흡수되고 나머지 찌꺼기는 원활하게 배변된다. 하지만 장내 환경이 나빠지면 연동 운동이 저하돼 음식물이 장내로 이동하지 못하고 수분만 흡수돼 대변이 딱딱해지면서 차츰 변비 증상이 생긴다. 따라서 '매일 배변이 원활한지'는 장내 환경의 척도라고 할 수 있다.

그렇다면 어떤 형태의 배변이 이상적일까? 양은 하루에 약 150~200g, 테니스 공보다 조금 큰 정도가 적당량이다. 색은 황색~갈색이 좋고, 모양은 부드러운 바나나 형태가 좋다. 배변 간격은 하루에 한 번이 가장 좋지만, 2~3일에 한 번도 잔변감만 없다면 괜찮다.

이와 반대로 대변이 딱딱하거나 냄새가 지독한 경우, 감자류를 먹으면 배가 빵빵해지는 경우, 배가 고파도 꼬르륵 소리가 나지 않을 경우에는 연동 운동이 저하돼 장내 환경이 무너졌을 가능성이 있다. 더욱이 연동 운동이 완전히 멈춰버리면 체류했던 대변으로 장 속이 하수도 상태가 돼 피부 트러블, 입냄새와 같은 증상이 나타난다. 평소 변비 증상이 있을 때는 식생활을 개선하는 등 빠른 대책을 세우자.

건강한 장은 원활한 연동 운동을 한다

건강하고 자율신경계가 안정된 장은 수축과 이완을 반복하면서 대변을 원활하게 운반한다.

건강한 대변의 척도

무게	크기	모양	색깔	배변 간격

하루에 한 번이 바람직함

150~200그램　　테니스공보다 조금 큼　　바나나 형태　　황색~갈색

검은색 변은 좋지 않음

장이 건강해지는 장 마사지

대장은 체내 약 네 곳에 고정돼 있고, 이 네 곳에 대변이 쌓이기 쉽다.

이 네 곳을 집중적으로 마사지하면, 장의 연동 운동을 촉진시켜 쾌변을 도와준다.

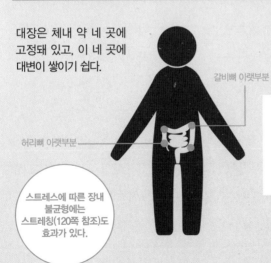

갈비뼈 아랫부분

허리뼈 아랫부분

주물럭　　주물럭

손을 위아래로 움직이면서 3분 정도 마사지한다.

스트레스에 따른 장내 불균형에는 스트레칭(120쪽 참조)도 효과가 있다.

25 아무리 노력해도 살이 빠지지 않는 이유는 장 때문이다

살찐 사람은 장내 환경이 나쁘다

별로 많이 먹지도 않는데 살이 찌는 사람과 잘 먹는데도 체형이 변하지 않고 날씬한 몸매를 유지하는 사람의 차이는 장내 환경의 좋고 나쁨에 달려 있다. 장내 환경이 나빠지면 소화·흡수 기능도 약해지고, 필요한 영양소는 흡수되지 않은 채 독소만 몸속에 쌓인다. 신진대사가 떨어지고 영양소가 아닌 노폐물과 독소를 함유한 끈적끈적한 혈액이 온몸을 순환하다가 결국 '내장 지방'으로 축적되는 것이다.

최근 연구에서 자율신경계의 불균형이 비만의 큰 원인이 된다는 사실이 밝혀졌다. 살찐 사람의 자율신경계를 검사해 보면 전체적인 균형이 저하돼 있고, 그중에서도 부교감신경의 기능이 큰 폭으로 떨어져 있는 것을 알 수 있다. 자율신경계 중에서도 장을 움직이는 것은 주로 부교감신경이다. 즉, 자율신경계가 흐트러지는 원인이 장내 환경의 악화인 것이다. 이것이 바로 살이 안 빠지는 몸을 만드는 가장 큰 요인이다.

이와 같은 결과를 통해 살을 빼기 위해서는 무엇을 해야 할지를 알 수 있다. 아침, 점심, 저녁 하루 세 번, 가장 적절한 시간과 적절한 양을 섭취해 장내 환경을 정돈해야 한다. 이것이 자율신경계의 안정화에 가장 중요하다. 이때 절대 하면 안 되는 것은 식사를 거르는 '다이어트'다. 먹지 않으면 장이 움직이지 않고, 장이 움직이지 않으면 자율신경계의 균형이 흐트러진다. 설사 일시적으로 살이 빠진다 하더라도 장내 환경이 악화돼 살이 빠지지 않는 몸으로 돌아온다.

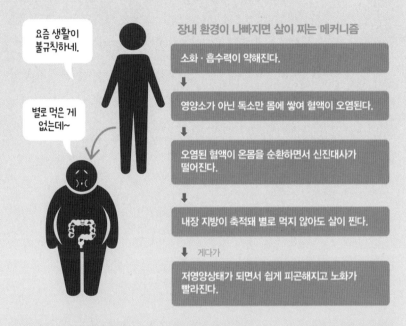

살을 빼서 예뻐지고 싶다면 장부터 깨끗하게 관리하자

요즘 생활이
불규칙하네.

별로 먹은 게
없는데~

장내 환경이 나빠지면 살이 찌는 메커니즘

소화·흡수력이 약해진다.

영양소가 아닌 독소만 몸에 쌓여 혈액이 오염된다.

오염된 혈액이 온몸을 순환하면서 신진대사가
떨어진다.

내장 지방이 축적돼 별로 먹지 않아도 살이 찐다.

게다가

저영양상태가 되면서 쉽게 피곤해지고 노화가
빨라진다.

살을 빼고 싶다고 식사를 거르면 역효과

여러 가지 이유로 살이 쪘더라도 식사를 거르는 방법으로 살을 빼려고 해서는 안 된다.
이는 살이 쉽게 찌는 체질로 변할 뿐이다.

식사를 거른다.　　　　　자율신경이 흐트러진다.　　　　　쉽게 살찌는 체질로 변한다.

63

아무리 노력해도 살이 빠지지 않는 이유는 장 때문이다

26 장내 환경을 정돈하는 식사 시간

하루에 세끼 식사로 장에 자극을 준다

장내 환경을 정돈하는 데는 식사 시간이나 횟수가 중요하다. 가장 좋은 방법은 하루 세 끼를 정해진 시간에 먹는 것이다. 운동을 별로 하지 않는 사람이나 다이어트 중인 사람은 두 끼나 한 끼로 충분하다고 생각할지 모른다. 그러나 식사의 목적은 영양 보급만을 위한 것이 아니다. 식사는 곧 장을 자극하는 행위이다. 이것이 바로 하루에 세 끼를 권하는 가장 큰 이유이다. 식사를 하면 장에 자극이 전해져 장이 움직이기 시작한다. 한두 번의 자극으로는 장이 활성화되지 않는다. 그렇다고 해서 계속 먹으면 장이 마비된다. 장이 적당한 자극과 휴식을 얻기 위해서는 하루에 세 끼가 가장 적당하다. 그리고 장에 가장 자극이 필요한 시간은 기상했을 때이다. 아침에 일어나 물 한 컵을 마시면, 수면 중에 잃은 수분이 보충돼 배변활동이 원활해진다.

식사 간격은 6시간이 이상적이다. 음식물은 대체로 6시간이면 완전히 소화되므로 장에 부담이 가지 않는다. 더욱이 자기 전에 먹는 야식은 위에 부담을 주므로 삼가는 것이 좋다. 저녁 식사도 취침 3시간 전에는 마치도록 한다.

또한 빨리 먹는 습관은 좋지 않다. 왜냐하면 과식의 원인이 되고, 에너지를 전부 흡수하지 못하다 보니 체지방으로 축적되기 때문이다. 먹을 때는 시간을 들여 잘 씹어야 한다. 침이 나와 소화를 도와줄 뿐만 아니라 씹는 행위로 뇌가 자극을 받아 활성화된다.

식사는 하루 세 끼를 5~6시간 간격으로

'장을 자극한다'라는 관점에서 '식사'는 하루에 세 끼를 먹는 것이 중요하다. 다이어트나 하루 두 끼와 같은 식사량은 장에 주는 자극이 너무 적고, 그렇다고 식사를 자주 하면 장이 지친다.

또한 식사는 5~6시간 이상 간격을 두는 것이 가장 좋다. 저녁 식사는 취침 3시간 전까지 늦어도 21시까지는 마치는 게 좋다. 현실적으로 어려운 사람은 가볍고 소화가 잘 되는 음식을 적당량 먹는 것이 좋다.

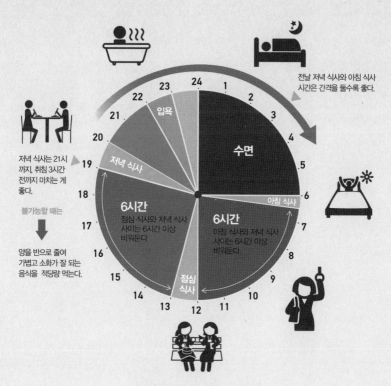

이상적인 하루 식사 시간의 예

27 자율신경계에 가장 좋은 비율은 아침 4:점심 2:저녁 4

포인트는 제대로 된 아침 식사

하루에 세 번 규칙적인 식생활을 하면서 더욱 신경을 써야 하는 부분이 아침·점심·저녁 식사의 비율이다. 즉, 세 번 식사량의 배분이다. 이것만 바꿔도 이상적인 체중, 체형을 유지할 수 있고, 자율신경계의 안정에도 연결돼 몸 상태가 나날이 좋아진다. 최고의 비율은 아침 4:점심 2:저녁 4이다. 이것이 어렵다면 아침 4:점심 3:저녁 3 또는 아침 3:점심 3:저녁 4라도 괜찮다.

아침 식사는 가장 중요하므로 제대로 잘 먹도록 하자. 아침을 먹으면 쉬고 있던 장이 움직이기 시작해 부교감신경의 작용이 원활해진다. 더욱이 혈액 순환도 좋아져 몸이 따뜻해지는 장점도 있다. 아침은 제대로 잘 먹고, 점심은 가볍게 먹자. 종종 아침을 먹지 않았다고 해서 점심으로 보충하려는 사람이 많은데, 이는 의미가 없다. 그만큼 아침 식사가 중요하다. 아침 식사를 위해 10~15분 정도 여유를 가지면, 마음의 여유로 이어져 자율신경계를 안정시킨다. 또한 탄수화물을 마음껏 먹고 싶을 때도 아침을 권한다. 지나친 당질 섭취는 살이 찌는 원인이 되지만, 아침에는 신진대사를 활성화하므로 다소 과식해도 괜찮다.

하루를 마감하는 저녁 식사는 맛있는 음식을 천천히 즐기면서 먹는 것이 좋다. 저녁 식사에서 주의해야 할 점은 시간이다. 무엇을 먹든 상관없지만, 21시 전에는 식사를 마치도록 하자. 만약 직장 관계로 어려울 때는 식사량의 비율을 '저녁 2'로 바꾸자.

식사의 비율은 아침 4 : 점심 2 : 저녁 4

하루 중에서 특히 잘 먹어야 하는 식사가 아침이다. 점심은 가볍게 먹고, 저녁은 시간이 늦어질수록 소화가 잘 되는 음식이 좋다.

아침은 금

아침
4

점심은 동

점심
2

저녁은 은

저녁
4

아침을 거르고 점심으로 보충하려는 행위는 바람직하지 않다. 자율신경계의 안정 면에서 보더라도 할당된 아침 식사는 나중에 만회할 수 없기 때문이다. 아침에 일찍 일어나 균형 잡힌 아침 식사를 하도록 하자.

저녁 식사가 21시를 넘는다면

아침 4 : 점심 2 : 저녁 2의 비율로 소화가 잘되는 음식으로 가볍게 식사한다.

먹고 바로 자야 할 때는 오히려 먹지 않는 것이 좋다. 너무 배가 고를 때는 수프나 차 등과 같은 따뜻한 음식물로 위를 편안하게 하자.

자율신경계에 가장 좋은 비율은 아침 4 : 점심 2 : 저녁 4

28 변비에는 식이섬유가 중요하다

2종류의 식이섬유 특징

식이섬유는 장내에서 노폐물이나 음식물 찌꺼기를 회수하면서 마지막에 대변이 돼 불필요한 것을 배출해 주는 역할을 한다. 이 식이섬유를 평소 잘 섭취하면 저절로 변비와 무관한 몸이 된다.

식이섬유는 인간의 소화 효소로 소화되기 힘든 영양소의 총칭으로, 크게 '불용성 식이섬유'와 '수용성 식이섬유'로 나뉜다. 이 중 변비에 효과가 있는 것은 '수용성 식이섬유'이다. 불용성 식이섬유는 장의 수분을 흡수해서 팽창시키는 특성이 있다. 변비 중에 불용성 식이섬유를 많이 섭취하면 배가 빵빵해져 불편해지고, 대변의 수분도 빼앗겨 대변이 딱딱해진다. 한편 수용성 식이섬유는 이름처럼 물에 녹는 특징이 있다. 장 속의 수분에 녹아 대변을 부드럽게 해 주기 때문에 변비를 해소하는 효과가 있다.

불용성 식이섬유를 많이 함유한 식품에는 바나나, 우엉, 곤약, 오크라, 풋콩, 죽순 등이 있다. 기타 수용성 식이섬유를 많이 함유한 식품에는 해조류, 버섯류, 감자류, 밀배아빵이나 통밀빵, 시리얼 등이 있다. 단, 어떤 식재료도 불용성과 수용성의 식이섬유가 함유돼 있으므로 강박적으로 기억할 필요는 없다. 해조류, 채소류, 버섯류, 과일을 적극적으로 섭취하면 된다. 프룬, 무화과와 같은 건과일에도 식이섬유가 풍부하다.

변비의 특효약 '식이섬유'

식이섬유는 장을 깨끗하게 하는 '청소부' 역할을 해 준다. 식이섬유는 크게 '불용성 식이섬유'와 '수용성 식이섬유'로 나뉜다.

식이섬유

불용성 식이섬유를 많이 함유한 식품	수용성 식이섬유를 많이 함유한 식품
수분을 흡수하면 팽창해서 장을 자극해 배변을 촉진한다. 많이 섭취하면 대변이 딱딱해지므로 변비에 잘 걸리는 사람은 지나친 섭취를 삼가자.	대변을 부드럽게 만들어 배변이 원활해진다. 해조류에 많이 함유돼 있다.

곤약　　우엉　　바나나

오크라　　죽순

낫토　　토란　　감자

통밀빵이나 시리얼　　참마

불용성과 수용성을 많이 함유한 식품

해조류　　　　　　과일

채소　　　　버섯류

변비에는 식이섬유가 중요하다

29 알코올과 자율신경계의 관계

과도한 음주는 자율신경계를 흐트러뜨린다

알코올을 마시면 스트레스가 풀리면서 심신의 불편함이 해소된다는 사람이 있지만, 이는 잘못된 인식이다. 알코올로 의식이 마비되면서 '기분이 좋아진다'라고 착각하는 것뿐이다. 알코올의 자극으로 교감신경이 과도하게 우위인 상태가 돼 자율신경계가 오히려 흐트러진다.

또한 알코올을 다량으로 섭취하면 몸이 탈수 증상을 일으킨다. 알코올은 간에서 분해되지만, 이와 동시에 수분도 소비되기 때문이다. 더욱이 알코올이 이뇨 작용을 촉진해 술을 마시면 화장실을 자주 가게 된다. 따라서 술을 마실수록 탈수가 악화되고 혈액에서도 수분이 빠져 피가 끈적끈적해진다. 그리고 교감신경이 우위이기 때문에 혈관이 수축되고 끈적끈적한 혈액이 좁은 혈관을 흐르면서 혈류도 나빠진다. 과음한 다음날에 두통이 생기는 이유는 말초 신경의 혈관에 혈류가 공급되지 못하기 때문이다. 속이 메슥거려 구토를 하는 현상도 소화 기관의 작용을 촉진하는 부교감신경이 극단적으로 저하돼 장이 마비되면서 생기는 것이다.

그렇다면 알코올은 절대적으로 나쁜 것일까? 적당량이라면 기분을 편안하게 해 부교감신경을 활성화하는 효과도 있다. 즉, 알코올과는 적당한 관계를 유지하는 게 좋다. 만약 좀 더 마시고 싶을 때는 술 한 잔에 물 한 컵을 마시면 좋다. 그래야만 탈수나 소화 기관의 마비를 방지할 수 있다.

과도한 음주는 자율신경계를 흐트러뜨린다

알코올을 지나치게 섭취하면 탈수 증상이 생겨 자율신경계를 흐트러뜨린다.

술 한 잔에 한 컵 이상의 물을 마신다

맥주   물

술 한 잔에 한 컵 이상의 물을 마시면 알코올로 인한 탈수를 예방할 수 있다.

술안주로 위와 장을 보호한다

옛날부터 술에 곁들이는 안주는 맛뿐만 아니라 몸에도 좋은 조합으로, 위와 장의 점막을 보호하는 효과가 있다.

와인 + 치즈

맥주 + 풋콩

사케 + 생선

술은 즐겁게 적당량을 마시면 긴장을 풀어 주거나 스트레스를 해소해 주는 효과가 있고, 자율신경계에도 긍정적인 영향을 미친다.

알코올과 자율신경계의 관계

30 장이 깨끗해지면 암도 멀어진다

자율신경계의 균형으로 면역력이 달라진다

우리가 질병에 걸리지 않고 건강한 몸으로 살아갈 수 있는 이유는 우리 몸속에 '면역'이라는 시스템이 있기 때문이다. 많은 면역 세포가 협조해 면역 기능을 만들고, 외부에서 침입하는 세균이나 바이러스를 격퇴해 감염병으로부터 몸을 보호한다. 내부에서 발생하는 암세포 등의 이물질을 제거하는 역할을 하는 것도 면역 기능이다. 그만큼 중요한 것이 면역인데, 면역 세포의 70%가 장내에 분포돼 있다. 즉, 장내 환경이 악화되면 면역력이 떨어지고, 개선하면 면역력이 높아진다.

더욱이 장과 밀접한 관계가 있는 자율신경계도 면역력을 높이거나 떨어뜨린다. 면역을 담당하는 것은 주로 혈액 속에 있는 '백혈구'이다. 백혈구에는 과립구, 림프구, 단핵구가 있는데, 교감신경이 우위가 되면 세균을 제거하는 과립구가 증가하고, 부교감신경이 우위가 되면 바이러스를 제거하는 림프구가 증가한다. 따라서 한쪽이 과도하게 높아지면 안 된다. 교감신경이 과도하게 활성화돼 과립구가 지나치게 증가하면 건강을 유지하는 데 필요한 공생균까지 제거해버리고, 부교감신경이 과도하게 활성화돼 림프구가 증가하면 항원에 민감하게 반응해 알레르기 증상이 나타나기 쉬워진다. 따라서 면역력을 올리려면 자율신경계의 균형을 유지하는 게 중요하다. 이를 위해서는 자율신경계의 작용을 좌우하는 장내 환경을 정돈해야 한다. 즉, 평소 올바른 식생활로 장내 환경을 깨끗이 유지하면 몸과 마음이 건강해질 수 있다.

장의 면역 시스템이 질병이나 암으로부터 보호해 준다

면역력만 높으면 세균이나 바이러스가 몸에 침입해도 확실히 제거해 주고, 건강한 사람의 몸속에서도 매일 몇 천 개나 생긴다고 하는 '암세포'와 같은 이물질도 제거해 준다.

면역력이 낮으면…

나쁜 균, 바이러스, 암세포에 진다.

평소 면역력을 높이는 노력이 필요하다

자율신경계의 안정과 장 건강이 면역력을 지탱한다

면역력

장

자율신경계

'안정된 자율신경계의 균형'은 '안정된 장내 환경'이 전제되어야 한다.

이와 반대의 경우도 마찬가지이다. 이 2가지 상태가 안정되면, 하룻밤 밤샘 정도로 면역력이 떨어지지는 않는다. 평소의 식생활, 생활습관이 면역력을 지탱하는 것이다.

장이 깨끗해지면 암도 멀어진다

31 맛없는 식사는 몸과 마음에 좋지 않다

장은 정신적인 영향을 받기 쉽다

식사를 할 때 가장 중요한 것은 '좋아하는 음식을 즐겁고 맛있게 먹는 것'이다. 왜냐하면 맛없는 식사를 참고 먹는 것은 자율신경계에 악영향을 미치기 때문이다. 예를 들어 건강에 좋은 식사라도 먹는 사람이 맛있다고 느끼지 못하면 먹는 것 자체가 스트레스가 되고, 장내 환경이 악화돼 자율신경계의 균형이 흐트러진다.

'자신을 엄격하게 규제하는 생활 방식(먹는 방식)은 깨끗한 장을 만들지 않는다'라는 말을 기억해 두자.

장은 '제2의 뇌'라고 할 정도로 정신적인 영향을 받기 쉬운 장기이다. 조금만 긴장해도 배가 아프고 업무나 인간 관계 때문에 스트레스를 받으면 변비에 걸리거나 설사를 하기도 한다. 이처럼 장은 감정의 변화에 민감하게 반응한다. 그러니 스스로에게 엄격한 것은 절대 즐거운 일이 아니다. 일이 생각대로 안 됐을 때는 자기 부정이나 자기 혐오로 스트레스가 많아지고, 그 스트레스에 장이 반응해 장내 환경이 악화되다가 결국 자율신경계가 흐트러진다.

다이어트를 위해 지방이나 탄수화물을 뺀 식사를 하더라도 맛이 없다고 생각하면서 먹으면 스트레스만 쌓일 뿐이다. 스트레스를 느끼면서 먹으면 칼로리가 지방으로 변해버린다. 이와 반대로 본인이 맛있는 음식을 즐겁게 먹으면, 장의 움직임이 활발해져 자율신경계가 안정된다. 결국 혈액 순환도 좋아지고 신진대사도 활발해져 다이어트를 하지 않아도 체중이 증가하지 않는다.

싫어하는 음식은 억지로 먹지 않아도 된다

스트레스

맛없는 식사, 싫어하는 음식을 억지로 먹으면 스트레스로 장내 환경이 악화되거나 혈액 순환이 나빠져 자율신경계의 불균형으로 이어진다.

스트레스가 없다

맛있는 음식을 즐겁게 먹으면 장의 활동이 활발해져 자율신경계가 안정된다.

엄격한 식이요법이나 생활 방식은 자율신경계를 흐트러뜨린다

정말 먹고 싶은 음식은 참고, 기대에 어긋난 맛없는 음식을 먹으면, '제2의 뇌'라 불리는 장이 영향을 받아 자율신경계가 흐트러진다. 균형과 영양소도 중요하지만, 우선 즐겁고 맛있는 식사를 하도록 노력하자.

예민

이것도 안 되고, 저것도 안 된다고 하면서 지나치게 엄격하면 자율신경계가 흐트러진다.

즐겁고 맛있게 스트레스가 없는 식사를 하자.

맛없는 식사는 몸과 마음에 좋지 않다

32 탄수화물을 많이 먹으면 몸이 피곤해진다

탄수화물이 메인인 식사는 하루 한 번

음식은 맛있게 먹는 게 가장 중요하므로 탄수화물을 무리해서 뺄 필요는 없지만, 그렇다고 많이 섭취하는 것도 좋지 않다. 아침, 점심, 저녁 세 끼를 전부 탄수화물로만 채우면 적절한 체중을 유지하기 어렵다. 더욱이 탄수화물이 메인인 식사를 하게 되면 갑자기 교감신경이 우위가 되고, 식후에는 그 반동으로 부교감신경의 작용이 급상승한다. 이로 인해 몸이 나른해지거나 피곤함을 느끼면서 졸리게 되는 것이다.

가장 바람직한 방법은 세끼 중 탄수화물이 메인인 식사는 한 번으로 줄이는 것이다. 아침에는 빵이나 밥을 제대로 챙겨 먹고, 점심에는 탄수화물을 줄여 가벼운 메뉴를 선택하는 방법이 이상적이다. 그러면 오후에 졸음으로 인해 업무에 차질이 생기지 않는다.

하지만 점심에 카레라이스나 우동이 먹고 싶을 때도 있다. 이럴 때 참으면 스트레스가 되므로 먹어도 좋지만, 밥이나 면은 절반만 먹도록 하자. 이 방법만으로도 먹고 싶다는 욕구는 충족되기 때문에 탄수화물에 대한 만족감을 얻을 수 있다. 단, 한 끼 식사를 거르는 것은 금물이다. 점심을 거르고 갑자기 저녁을 먹으면 혈당치가 급격하게 높아져 저녁 식사의 칼로리가 에너지로 대사되지 못한 채 지방이 돼 체내에 축적된다. 지나친 탄수화물의 섭취는 금물이지만, 김밥 한 줄과 된장국 정도는 꼭 뱃속에 채워 두자.

탄수화물이 메인인 식사는 하루에 한 번

아침, 점심, 저녁 세 끼 전부를 탄수화물만 섭취하면 당질을 과다 섭취하게 될 뿐만 아니라 특히 점심 식사 후에 잠이 쏟아진다. 종합적으로 봤을 때, 탄수화물이 메인인 식사는 아침 식사 시간에만 섭취하는 것이 가장 좋다.

아침에 원하는 만큼 먹어 두자!

아침 밥 또는 빵을 제대로 먹는다.

가벼운 점심으로 오후에도 업무 활동 유지!

점심 탄수화물은 가볍게 섭취한다.

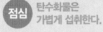

오후 9시가 넘었다면, 더 가볍게!

저녁 탄수화물은 가볍게 섭취한다.

점심에 좋아하는 음식을 먹는다면 탄수화물을 절반으로

좋아하는 덮밥이나 라면을 먹을 수 없어서 스트레스가 되면 자율신경계가 흐트러진다. 점심에 탄수화물이 메인인 식사를 하고 싶다면, 탄수화물(쌀이나 면)을 절반으로 줄이는 것도 하나의 방법이다.

스트레스는 자율신경계를 흐트러뜨린다.

참는다.

덮밥　　　　라면

쌀이나 면을 먹을 때는 탄수화물을 절반으로 줄이자.

33 자율신경계를 조절하는 데는 동물성 단백질이 필수

자율신경계의 원료인 영양소는 단백질이다. 그것도 고기나 생선, 달걀 등에 함유된 양질의 동물성 단백질이다. 필수 아미노산의 종류와 양을 비교해 보면, 자율신경계의 원료는 식물성 단백질보다 동물성 단백질이 훨씬 뛰어나다는 것을 알 수 있다.

예를 들어 장수하는 사람, 나이를 먹어도 건강하고 활기가 넘치는 사람은 고기나 생선을 즐겨 먹는다. 또한 체력을 보충하고 싶을 때 고기를 먹는 사람도 많다. 그 이유는 양질의 동물성 단백질이 자율신경계가 작용하는 데 도움을 주기 때문이다.

동물성 단백질은 매일 적극적으로 섭취해야 하는 영양소인데, 한 가지 주의해야 할 점이 있다. 그것은 바로 고기나 생선 같은 동물성 식품에는 지방이 함유돼 있다는 사실이다. 지방을 지나치게 섭취하면 불필요한 지방이 혈액 속에서 산화되면서 장내 환경이 나빠진다.

그렇다면 어떻게 해야 할까? 답은 간단하다. 지방의 산화를 막는 항산화 성분을 함유한 식품과 함께 먹으면 된다. 항산화 성분은 채소, 과일, 베타카로틴, 비타민 C, 비타민 E에 풍부하게 함유돼 있다. 떫은맛에 있는 안토시아닌, 폴리페놀도 항산화 성분이다. 따라서 스테이크에 채소를 곁들이고, 식후 디저트로 과일을 먹으면 완벽하다. 이것만으로도 육식의 단점인 지방의 나쁜 작용을 막을 수 있다.

자율신경계의 원료는 단백질

자율신경계

원료

양질의 단백질

자율신경계의 원료인 '단백질' 중에서도 특히 '동물성 단백질'은 매일 적극적으로 섭취하면 좋은 영양소이다.

동물성 단백질은 항산화 성분과 함께 섭취한다

동물성 단백질에는 지방이 붙어있다. 단품으로 먹으면 지방이 혈액 속에서 산화돼 혈액이 끈적끈적해지고, 장내 환경이 나빠진다. 이것을 방지하려면, 항산화 성분이 풍부한 채소를 함께 먹는 것이 좋다. 이 밖에 다음과 같은 식품도 권장한다.

구운 고기 **+** 김치 상추

구운 생선 **+** 무 레몬

베타카로틴 ➡ 당근

비타민 C ➡ 레몬

비타민 E ➡ 호박

폴리페놀 ➡ 적포도주

안토시아닌 ➡ 가지

자율신경계를 조절하는 데는 동물성 단백질이 필수

34 빈혈은 자율신경계의 증상과 비슷하다

철분 부족이 아니라면 자율신경계의 이상을 의심하라

현기증, 어지러움, 숨이 참, 가슴 두근거림, 쉽게 피곤해짐, 몸이 나른함, 아침에 일어나기 힘듦, 두통, 어깨결림, 불안 초조 등과 같은 현상은 빈혈이거나 자율신경계에 이상이 있을 때도 나타난다. 즉, 빈혈 증상과 자율신경계 이상 증상은 비슷하므로 일반인은 구분하기 어렵다. 하지만 증상은 비슷해도 원인은 전혀 다르다.

빈혈의 원인은 대부분 철분 부족이다. 철분이 부족해지면 혈액의 적혈구에 들어 있는 헤모글로빈이 생성되지 못하고 오히려 감소한다. 헤모글로빈은 온몸으로 산소를 운반하는 중요한 역할을 하기 때문에 헤모글로빈이 감소하면 몸 구석구석까지 산소가 전달되지 못해 숨이 참, 두근거림, 권태감과 같은 신체 이상 증상이 나타난다. 한편, 자율신경계 증상은 매일의 스트레스나 피곤, 불규칙한 생활 등으로 교감신경과 부교감신경의 균형이 무너져 생기는 것이다. 빈혈은 철분을 보충하는 건강 보조 식품이나 식사로 개선할 수 있지만, 자율신경계의 이상으로 나타나는 증상은 '심신의 안정'을 통해 개선해야 한다.

빈혈과 자율신경계 증상을 구분하는 간단한 방법은 혈액 검사이다. 철분이 부족하면 빈혈이 확실하다. 만약 혈액 검사에 문제가 없다면 자율신경계의 균형이 무너졌을 가능성이 있다. 이 경우 제대로 된 휴식과 수면을 취하는 것이 중요하다. 만약 그래도 개선되지 않는다면 자율신경계 전문의에게 진찰을 받아 자신의 자율신경계 균형을 측정해 보는 것도 좋다.

빈혈은 혈액 검사로 바로 측정할 수 있다

나른함, 어지러움 등과 같은 빈혈과 자율신경계의 이상은 증상이 비슷한 부분도 많다. 빈혈은 혈액 검사로 알 수 있지만, 자율신경계가 흐트러져 생긴 신체 이상 증상은 혈액 검사로는 알 수 없다.

나른해, 어지러워…
자율신경계 이상인가?

혈액 검사 결과는 빈혈입니다.

아, 그랬구나!

빈혈 개선은 식사와 건강 보조 식품으로

빈혈은 식사 개선이나 철분, 비타민 B$_{12}$ 등의 건강 보조 식품의 섭취로 개선할 수 있지만, 자궁근종이나 질병이 원인인 경우도 있으므로 상황에 따른 치료가 필요하다. 자율신경계가 흐트러져서 생기는 빈혈 증상이라면 충분한 휴식이 필요하다.

빈혈

자율신경계의 이상

건강 보조 식품이나 식사로 개선

심신을 안정시켜 개선

35 건강하게 살 수 있는 최고의 장수 비결, 된장국

> 하루 한 그릇으로 몸도 마음도 건강하게

한국인이나 일본인에게 가장 친근한 식재료 중 하나가 '된장'인데, 이 된장만큼 몸에 좋은 것도 없다. 된장의 원료인 대두에는 단백질과 비타민, 식이섬유 등 중요한 영양소가 많이 함유돼 있다. 더욱이 발효시키면 아미노산이 생겨 더욱 영양가 높은 식재료로 탈바꿈한다. 비타민 B_1, B_2, B_{12}, 나이아신, 엽산, 칼슘, 마그네슘, 철, 아연 등 수많은 영양소가 들어 있다. 또한 최근에는 '된장의 발효가 노화 제어기능을 생성하고 혈압의 상승을 막으며 위암을 억제하는 등 건강에 좋다는 사실도 밝혀졌다.

그런 슈퍼푸드인 된장을 섭취하는 최고의 방법은 된장국으로 먹는 것이다. 다양한 재료를 넣기 때문에 한 그릇으로 많은 영양소를 섭취할 수 있고, 불로 가열하기 때문에 부피가 줄어 날것으로 먹을 때보다 많은 채소를 섭취할 수 있다. 하루에 한 그릇만 먹어도 건강을 유지할 수 있고 질병을 예방할 수 있다. 그래서 된장국은 최고의 건강식이라 할 수 있는 것이다.

이보다 좋은 점은 '따뜻한 음료'라는 것이다. 따뜻한 음료나 식사는 위장을 통과할 때 혈류를 촉진해 부교감신경의 작용을 활성화하는 효과가 있다. 따뜻한 된장국 한 그릇만 먹었을 뿐인데, 왠지 마음까지 따뜻해진 경험이 있을 것이다. 그것은 부교감신경계가 활성화돼 몸과 마음이 편안해지기 때문이다.

따뜻한 음료는 부교감신경을 활성화한다

따뜻한 음료는 위장의 혈류를 촉진하고 부교감신경을 활성화한다. 따라서 밤에는 따뜻한 음료를 마시는 것이 좋다. 따뜻한 음료는 불안하고 초조할 때나 피곤할 때 자율신경을 안정시키는 역할을 하므로 적극 권한다.

따뜻한 음료를 마신다.

위장의 혈류를 촉진한다.

부교감신경이 활성화돼 자율신경계를 안정시킨다.

이럴 때도 따뜻한 음료를

불안 초조해.

피곤해.

된장국은 건강 효과도 뛰어나다!

따뜻해.

찬 음료가 정말 마시고 싶을 때는…

찬 음료나 차가운 면 종류를 먹을 때는 식초나 레몬, 매실 장아찌와 같은 신맛을 더해 먹는다. 이런 음식을 먹으면 위장이 배설 반응을 일으켜 부교감신경이 활성화되고, 자율신경계를 흐트러뜨리지 않는다. 또한 올리브오일이나 참기름은 배설을 촉진해 부교감신경의 작용을 활발하게 한다.

찬 음료

레몬

귤

김치

올리브 오일

차가운 면 종류

신맛

참기름

건강하게 살 수 있는 최고의 장수 비결 보건소

36 식곤증이 사라지는 점심 식사법

자율신경계의 급전환을 막는다

점심 식사 후에 갑자기 피곤해지면서 졸음이 쏟아진 적이 있을 것이다. 이는 식사 중에 교감신경이 갑자기 우위가 되고, 식후에는 갑자기 급변해 부교감신경이 우위가 되기 때문이다.

식사 중에는 몸이 활발하게 움직이면서 교감신경의 작용이 활성화된다. 이를 차에 비유하면 액셀을 힘껏 밟은 상태라고 할 수 있다. 그러나 식후에는 혈류가 소화 기관에 집중돼 뇌의 혈류가 부족해지고, 부교감신경도 급격하게 우위가 돼 갑자기 브레이크를 밟은 상태가 된다. 이러한 이유 때문에 갑자기 피곤해지면서 졸음이 쏟아지는 것이다. 하지만 이런 현상은 점심 식사 습관으로 방지할 수 있다. 두 가지 중요한 점만 알면 된다. 식사하기 전에 물을 1~2컵 마신다. 그러면 장이 반사적으로 반응해 움직이기 시작한다. 미리 장의 활동을 활발하게 해 두면 식사 중에도 부교감신경이 어느 정도 우위가 돼 '급전환'을 막을 수 있다.

또 한 가지는 천천히 잘 씹어 위의 60~80%만 채우도록 먹는다. 잘 씹다 보면 식사 중에 서서히 부교감신경이 우위가 된다. 음식의 양을 줄이면 식후에 뇌로 가는 혈류가 부족해지는 것을 막을 수 있다. 또한 배가 부를 때까지 먹으면 생기는 머리가 멍해지거나 피로를 느끼는 증상도 줄어든다. 그럼에도 불구하고 배불리 먹고 싶을 때는 반드시 먹기 전에 물 1~2컵을 마시고, 식사는 생야채, 단백질, 탄수화물 순으로 먹는 것이 좋다.

식곤증이 생기는 이유

식곤증이 생기는 최대 원인은 식사를 하면 교감신경이 갑자기 우위가 되지만, 식후에 소화가 시작되고 소화관이 움직이기 시작하면 부교감신경이 갑작스럽게 우위가 되기 때문이다.

 ❶ 밥을 먹는다.　❷ 위장이 소화하기 시작한다.　 ❸ 졸리다.

  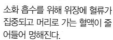 

소화 흡수를 위해 위장에 혈류가 집중되고 머리로 가는 혈액이 줄어들어 멍해진다.

위장이 움직이면 갑자기 부교감신경이 우위가 된다(풀 가동).

식곤증을 사라지게 하려면

식사 전에 물을 마시면 부교감신경이 우위가 돼 식후 소화에 따른 급격한 자율신경계의 전환을 억제할 수 있다. 먹는 양을 60~80%로 줄여 소화 흡수하는 데 혈액이 많이 몰리지 않도록 하는 것도 오후의 활동을 유지하는 데 효과적인 방법이다.

업무가 척척 잘 된다!

❶ 식사 전에 물을 1~2컵 마신다.

❷ 60~80%의 양을 천천히 씹어 먹는다.

❸ 오후에도 활동적으로!

37 저녁 식사는 21시 전까지 마치는 게 좋다

'장의 황금 시간'을 활용한다

저녁 식사의 포인트는 '식사가 끝나는 시간'이다. 식사 간격은 적게는 5시간 정도여야 한다. 음식물이 소장을 모두 통과할 때까지 5시간이 걸려 그 전에 먹으면 위에 부담을 주기 때문이다. 예를 들어 아침을 7시에 먹으면 점심은 정오, 저녁은 17시 이후에 먹는 것이 좋다. 다소 이르긴 하지만 저녁 식사 시간은 빠를수록 좋다. 아무리 늦어도 취침 3시간 전, 21시를 기준으로 식사를 마쳐야 한다.

식후 3시간은 위가 활발하게 움직여 부교감신경의 활동이 활성화되는 시간대이다. 그중에서도 저녁 식사 후 소화, 흡수가 왕성해져 부교감신경이 가장 우위가 되는 '장의 황금 시간대'이다. 식사 후 잠을 잘 때까지 깨어 있는 시간이 짧으면, 식사로 상승된 혈당치가 충분히 떨어지지 않아 지방으로 축적되기 쉽다. 더욱이 3시간도 채 지나지 않아 잠자리에 들면 교감신경이 아직 우위인 상태이기 때문에 수면의 질도 떨어지고, 먹은 음식물이 충분히 소화되지 않아 세포에 영양이 전달되지 못하는 악순환에 빠지게 된다.

또한 위에 먹은 음식물이 많이 남아 있는 상태로 누우면, 위산이 식도를 역류해 '역류성 식도염'이 생길 위험성이 있다. 불면증, 비만, 질병 예방을 위해 저녁 식사 후 3시간은 '장의 황금 시간'으로 마련해 두자. 21시까지 저녁 식사를 끝내고 목욕을 하거나 스트레칭을 하면서 편안한 시간을 보내도록 하자.

저녁 식사는 점심 식사 5시간 이후로 빠를수록 좋다

식사는 5~6시간의 간격을 두고, 저녁 식사는 17~21시까지 가능한 한 이른 시간에 하는 것이 부교감신경의 균형을 좋게 해 질 좋은 저녁 식사를 할 수 있는 비결이다. 저녁을 이른 시간에 먹으면 자율신경계에 좋은 영향을 미친다.

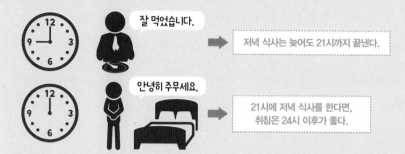

잘 먹었습니다.

저녁 식사는 늦어도 21시까지 끝낸다.

안녕히 주무세요.

21시에 저녁 식사를 한다면, 취침은 24시 이후가 좋다.

저녁 식사 후 3시간 안에 잠을 자면 신체 이상 증상이 나타난다

식사 후 3시간인 '장의 황금 시간'을 두지 않고 자면 자율신경계가 흐트러져 여러 가지 신체 이상 증상이 나타난다.

저녁 식사 후 3시간 안에 잠을 자면 생기는 증상

체력·면역력 저하

장내 환경 악화

자율신경계가 흐트러져 쉽게 피곤해짐.

수면의 질이 떨어짐.

이 밖에도

혈당치가 떨어지지 않은 채로 잠을 자기 때문에

살이 찐다

아직 소화되지 않은 음식물이 역류한다.

역류성 식도염

저녁 식사는 21시 전까지 마치는 게 좋다

38 저녁 식사 후 3시간이 '양질의 수면'을 만든다

취침 전에 부교감신경을 우위로 만든다

'질 좋은 수면'이란 무엇일까? 예를 들어 잠을 오래 자도 피로가 가시지 않을 때가 있다. 이와 반대로 짧은 시간이지만 푹 자고 일어날 때가 있다. 어떻게 하면 '질 좋은 수면'을 취할 수 있을까? 이 문제를 해결하는 방법은 저녁 식사 후 3시간을 어떻게 보내느냐에 달려있다.

저녁 식사를 할 때 입을 움직이면서 식사를 즐기면 교감신경의 활동이 급상승한다. 그런데 식사 후에는 위를 움직이기 위해 부교감신경의 활동이 서서히 높아진다. 이 두 신경은 한쪽이 높아지면 다른 쪽이 낮아지는 이른바 '시소'와 같은 메커니즘을 지니고 있다. 이 메커니즘에 따라 교감신경의 작용이 반대로 저하하면서 심신이 느긋하고 편안한 상태가 되는 것이다. 식사 후에 교감신경과 부교감신경의 활동이 전환되고, 부교감신경의 활동이 상승할 때까지 걸리는 시간은 3시간이다. 만약 그 전에 잠을 자면 부교감신경의 활동이 충분히 상승되지 못하기 때문에 아무리 잠을 자도 몸의 피로가 가시지 않는다. 즉, 수면을 위해서도 '장의 황금시간'을 충분히 확보하는 게 중요하다. 이 3시간은 편안한 상태로 부교감신경을 활성화시킨다. 목욕을 할 때 뜨거운 물은 교감신경의 작용을 상승시키므로 좋지 않다. 미지근한 물에 느긋한 마음으로 몸을 담그자. 또한 자기 전에 바쁘게 움직이지 말고 천천히 행동하도록 노력하자. 뇌에 자극을 주는 스마트폰이나 밝은 조명을 피해야 쾌적한 수면을 취할 수 있다.

저녁 식사 후 3시간 동안 부교감신경이 우위가 되기를 기다린다

저녁 식사 후 3시간을 보내는 예	자율신경계를 시소에 비유하면…

1 잘 먹었습니다

오후 9시

식사를 하면 교감신경이 갑자기 우위가 돼 몸이 활동적인 상태가 된다.

2 느긋하게

오후 10시

식사를 마치면 위를 움직이는 스위치가 켜지면서 부교감신경의 활동이 천천히 상승한다.

3 목욕

오후 11시

하루 일과를 마친 후에 하는 목욕은 자율신경계를 안정시키는 데 아주 좋다. 39~40℃의 따뜻한 물로 부교감신경을 더욱 상승시킨다.

4 취침

Good Night!

오전 12시

식사 후 3시간이면 소화는 끝난다. 부교감신경이 가장 활성화됐을 때 잠을 자면 질 좋은 수면을 취할 수 있다.

39 초콜릿과 견과류는 피로 회복과 혈액 순환에 좋다

효과적인 간식은 장에 좋다

아침, 점심, 저녁 식사 외에 간식을 먹는 것은 결코 나쁜 습관이 아니다. 가끔 먹으면 부교감신경의 활동이 전체적으로 상승해 하루 종일 장의 움직임이 좋아진다. 추천 간식은 '초콜릿'과 '견과류'이다. 초콜릿을 먹으면 살이 찐다고 생각하기 쉽지만, 초콜릿은 다양한 영양소가 들어 있는 '완전영양식'이다.

특히 초콜릿의 주원료인 카카오는 혈류를 좋게 하는 효과가 있다. 예를 들면, 항산화 작용이 있는 카카오폴리페놀은 혈관을 튼튼하게 해 동맥경화를 예방하고, 카카오버터에 들어 있는 올레인산은 콜레스테롤을 억제해 생활 습관병을 예방한다. 이 밖에도 식이섬유나 부족해지기 쉬운 미네랄, 특히 혈류를 좋게 하는 마그네슘, 아연 등이 풍부하다. 더욱이 초콜릿에는 진정 작용이 있는 테오브로민이라는 성분이 들어 있어 부교감신경을 활성화해 불안과 초조를 해소하고 뇌의 피로 회복에도 도움이 된다.

또한 아몬드나 호두와 같은 견과류에도 비타민, 미네랄, 식이섬유가 풍부한데다 유해한 콜레스테롤을 줄여 비만을 예방하는 오메가3 지방산도 많이 들어 있다.

업무로 피곤할 때나 살짝 배가 고플 때는 고칼로리에 지질과 당질이 많은 과자가 아닌 초콜릿이나 견과류를 먹자. 카카오 함유량이 높은 초콜릿이나 염분, 유분이 없는 볶은 견과류를 먹으면 더욱 효과적이다.

초콜릿은 완전 영양식

대단하네.

초콜릿의 주원료인 '카카오'의 효능

카카오폴리페놀	항산화 작용이 있고, 혈관을 튼튼하게 해 동맥경화를 예방한다.
카카오버터	올레인산이 들어 있고, 콜레스테롤을 억제한다.
식이섬유	장을 건강하게 해 준다.
테오브로민	신경을 진정시켜 불안과 초조를 해소하거나 뇌의 피로를 풀어 주는 효과가 있다.

이 밖에 마그네슘, 아연 등의 미네랄도 풍부하다.

간식으로 추천하는 견과류와 초콜릿으로 머리를 맑게 한다

아몬드, 호두와 같은 견과류는 비타민과 미네랄의 보물 창고이다. 식이섬유도 풍부해 카카오와 마찬가지로 장내 환경을 정돈하는 데 효과가 있다. 또한 오메가3도 풍부해 몸에 유해한 콜레스테롤을 감소시켜주고 생활 습관병과 비만을 예방하는 효과도 있다.

우주비행사가 자신의 최대 능력을 발휘하기 위해 견과류를 열심히 섭취했다는 이야기는 유명하다.

운동선수는 집중력을 높이고, 최대의 성과를 내기 위해 초콜릿을 먹는다.

초콜릿과 견과류는 업무와 공부 중간에 먹는 간식으로도 권장한다. 카카오 함유량이 높은 초콜릿이라면 더욱 많은 카카오의 영양분을 얻을 수 있다.

40 껌을 씹으면 평정심이 생기고 뇌도 활성화된다

다양한 씹기 효과

앞에서 말한 것처럼 많이 씹어 먹으면 뇌가 활성화된다. 더욱이 씹기 리듬이나 표정근이 이완돼 부교감신경의 활동이 활발해지고 자율신경계가 안정화된다. 즉, 껌을 씹으면 뇌는 활성화되면서도 마음은 온화해져 평정심을 유지할 수 있는 것이다. 메이저리그의 선수들이 껌을 씹는 것도 이런 이유 때문이다. 우리도 긴장되는 회의 전이나 짜증이 나고 화가 날 때 껌을 씹으면 이상하게 평정심이 생기면서 몸과 마음의 활동력이 좋아지는 것을 알 수 있다.

실제로 최근 실험이나 연구에서도 밝혀지고 있다. 껌을 이용한 실험에서 껌을 씹으면 뇌의 혈류가 좋아져 소뇌나 전두엽의 혈류가 10~40% 증가한다는 사실이 확인됐다. 또한 껌을 씹으면 자율신경계에서도 깊은 수면과 명상할 때 나타나는 뇌의 알파파가 증가한다는 점도 밝혀졌다. 이는 부교감신경이 활성화되면서 심신이 매우 편안한 상태가 되기 때문이라고 여겨진다.

껌을 씹는 행위는 뇌를 활성화해 마음을 안정되게 하는 것 외에 나이가 들면서 생기는 치조농루(치주질환)를 예방하기도 한다. 씹는 행위를 통해 치조골의 혈류가 좋아지기 때문이다. 또한 잘 씹으면 씹기근육에서 뇌에 자극이 전해지면서 내장 지방을 분해하는 효과가 있는 '히스타민'이 분비된다. 즉, 대사증후군(메타볼릭 신드롬) 예방에 도움이 된다.

메이저리그 선수가 껌을 씹는 이유

집중력
UP!

메이저리거가 껌을 자주 씹는 이유는 평정심을 유지하고 뇌를 활성화시키기 위해서이다.
부교감신경을 활성화시켜 뇌의 혈류를 좋게 하기 때문에 스포츠 외에도 집중하고 싶을 때나 중요한 발표 전에도 안성맞춤이다.

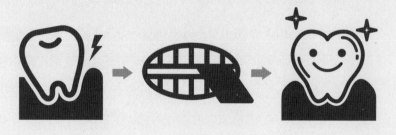

나이가 들면서 증가하는
치조농루(치주 질환) 예방에도 껌이 효과적

치아를 잃게 되거나 다양한 질병의 원인이라는 것이 밝혀진 치조농루(치주 질환)는 턱에 있는 치조골에 오염된 혈액이 괴어서 발생한다. 껌을 씹으면 치조골의 혈류가 좋아지면서 오염된 혈액이 쌓이기 어려워지고, 치조농루의 예방도 기대할 수 있다.

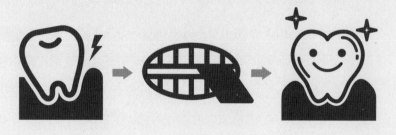

41 따뜻한 커피를 마시면 장에서 행복 물질이 만들어진다?

스트레스해소와 혈류 증가에도 도움이 된다

한 잔의 따뜻한 커피는 심신의 피로를 풀어 주고, 자율신경계의 안정에 도움이 된다. 아침에 따뜻한 커피를 마시면 커피에 함유된 카페인이 교감신경을 활성화해 잠을 깨우고 기분을 상쾌하게 만들어 준다. 교감신경의 활성화로 기분이 고양되기 때문에 스트레스 해소에도 효과적이다. 기분이 가라앉을 때 각성 효과가 있는 약이기도 하다.

하지만 커피의 효능은 카페인만은 아니다. 말초혈관을 확장시키는 작용과 항산화 작용으로 혈류를 증가시키는 효과 외에도 대장의 연동 운동을 유발해 변비를 해소하거나 장내 환경을 개선하는 효과도 있다. 특히 주목할 점은 장벽에서 만들어지는 세로토닌, 도파민과 같은 행복 물질의 분비량을 늘리는 효과이다. 이는 하버드대학의 연구에서 밝혀진 결과로, 이 조사에서 커피 애호가들 중에는 우울증 환자가 적고, 하루에 2~4잔을 마실 경우(성인 기준), 남녀 상관 없이 자살 위험성이 반으로 줄었다는 결과가 나왔다.

그러나 커피를 많이 마실수록 몸에 좋다는 말은 아니다. 핀란드의 어떤 조사에서는 하루에 8~9잔을 마실 경우, 자살 위험성이 오히려 증가한다는 보고도 있다. 그리고 지나친 카페인 섭취는 자율신경계의 균형을 흐트러뜨릴 위험도 있다. 적당량은 하루에 2~4잔으로, 차가운 커피보다는 따뜻한 커피가 좋다. 또한 취침 전 3시간은 삼가는 것이 좋다.

커피는 하루에 2~4잔이 적당하다

카페인과 폴리페놀의 일종인 클로로겐산 등이 풍부한 커피는 장이나 자율신경계에도 좋은 효과가 있다. 장이 차가워지지 않도록 따뜻한 커피를 마시자.

카페인

- 교감신경을 활성화해 졸음을 쫓는다.
- 스트레스를 해소한다.
- 우울한 기분을 풀어 준다.
- 세로토닌과 도파민의 분비량을 늘리는 '항우울 효과'가 있다.
- 말초혈관을 확장시키는 작용을 한다.

여유 ♪

바쁠 때일수록
커피로 잠시 한숨을 돌리는
여유가 필요하다.

클로로겐산(폴리페놀의 일종)

- 항산화 작용으로 혈류를 좋게 한다.

이 밖에도…

대장의 연동 운동을 자극하는 효과

- 변비를 해소하고 장내 환경과 온몸의 혈류 개선에 도움이 된다.

커피향

- 마음이 편안해지는 효과가 있다.

95

따뜻한 커피를 마시면 장에서 행복 물질이 만들어진다?

COLUMN

유익균을 늘려주는 최고의 균은?

유익균의 먹이가 되는 균에는 유산균과 비피더스균이 있다.
우리가 쉽게 이 균을 섭취할 수 있는 식품은 요구르트이다. '살아서 장까지 도착하는 ○○균'
과 같이 광고하는 상품도 좋지만, 요구르트로도 유익균을 섭취할 수 있다. 균이 죽어도 유익
균의 먹이가 돼 준다. 여러 가지 생균이 첨가된 요구르트는 사람에 따라 궁합이 있는데, 우
선 2주에서 한 달 정도 동일한 균(동일한 상품)을 꾸준히 먹어 보자.

A균　　　　B균　　　　C균　　　　　　　모두 함께 섭취하자.

> 2주 정도 꾸준히 먹는 동안 대변이 바나나 모양이 됐다거나, 피부가 맑아졌다거나,
> 덜 피곤하다거나 숙면을 취하게 되었다면 궁합이 좋다는 증거이다.

요구르트 이외에도 발효식품인 낫토, 된장, 효모균을 사용한 요리와 같이 다양한 종류의 식
품에도 유산균이 함유돼 있다. 매일 섭취하면 유해균이 증가하지 않는 장내 환경을 만들 수
있다.

낫토　　　　　간장　　　　　된장　　　　피시 소스

김치　　　　채소절임　　　자연 치즈

제 4 장

자율신경계를
조절하는 멘탈력

42 타인의 의견에 휘둘리지 않는 힘을 기른다

'타인은 타인, 나는 나'가 행복의 열쇠

업무에 대한 압박감이나 육아·간병과 같은 정신적인 스트레스도 자율신경계를 흐트러뜨리는 최대의 적이다. 그중에서도 피할 수 없는 것이 대인관계에 따른 스트레스이다. 타인이 자기가 생각한 대로 되지 않아 답답하거나 타인과 자신을 비교해 열등감을 느끼면 마음을 좀먹는 스트레스가 돼 자율신경계의 균형을 크게 무너뜨리는 원인이 된다. 이 대인 스트레스는 혼자 해결하지 못하기 때문에 심각한 고민에 빠지기 쉽다.

이런 스트레스에서 자유로워지려면 '타인은 타인, 나는 나'라는 생각이 중요하다. 즉, 타인의 의견에 휘둘리지 않는 확고한 가치관을 갖는 것이다.

하지만 타인의 시선을 전혀 의식하지 않거나 콤플렉스를 갖지 않는 것은 말처럼 쉬운 일이 아니다. 아무리 의식하지 않으려고 노력해도 타인의 시선과 언동이 신경 쓰이는 것은 자연스러운 반응이기 때문이다. 이때 필요한 것은 사고를 '신경 쓰지 않는다'가 아니라 '방치해 둔다'로 전환하는 것이다. 자신에 대한 평가나 타인의 시선에서 거리를 두고, 관여하지 않도록 노력하는 것이다. 예를 들면 마음이 불안해지기 쉬운 SNS나 인터넷 정보를 보지 않고, 기분이 좋아지는 일만 생각하는 것이 있다. 자율신경계의 안정을 최우선으로 생각하자. 이것이 바로 인간관계를 단련하는 첫발이자 행복으로 가는 지름길이다.

대인 스트레스는 자율신경계를 흐트러뜨리는 원인이 되기 쉽다

불안하고 초조해지면 교감신경이 우위가 돼 혈류를 정체시킨다. 그렇게 되면 뇌에도 피가 순환하지 않게 돼 사고력이 떨어지고 감정을 제어하기 어려워진다.

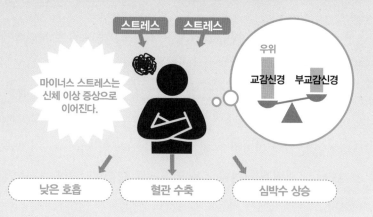

흔들리지 않는 축을 만든다

확실한 자신의 축(=가치관)을 갖고 있으면, 주변의 의견에 좌우되거나 휘둘리는 일도 적고 스트레스도 줄일 수 있다.

43 자율신경계 이상은 전염된다

자율신경계가 직장과 가족에도 영향을 미친다

자율신경계가 안정되면 자신에게 도움이 될 뿐 아니라 주변에도 좋은 영향을 미친다.

예를 들어 스포츠에서 어떤 한 명의 선수 투입으로 궁지에 몰렸던 흐름이 완전히 바뀌는 경우가 있다. 이 선수는 높은 집중력과 냉정함을 유지하면서 팀에 편안한 분위기를 선사한다. 안정된 자율신경계는 팀 메이트에도 전염돼 불리한 형세를 유리한 형세로 바꾸는 힘이 있기 때문이다.

직장에서도 마찬가지이다. 큰 프로젝트에 대한 압박감으로 멤버의 자율신경계가 흐트러지기 쉽다. 그럴 때 자율신경계가 안정된 사람이 있으면 그 사람의 침착한 행동과 목소리가 다른 사람에게도 안정감을 준다. 긴장된 공기가 누그러지고 멤버의 결속력이 강해지면서 프로젝트를 성공으로 이끌 수 있다.

이는 가정에서도 마찬가지이다. 어머니와 아버지의 자율신경계가 안정돼 있으면 아이의 자율신경계에도 좋은 영향을 미친다. 이와 반대로 어머니가 육아에 불안을 느끼거나 아버지가 직장에서 받는 스트레스가 많으면, 아이의 자율신경계도 흐트러져서 마음과 몸에 이상 증상이 생길 수 있다. 매사 서두르기만 하는 육아는 아이의 교감신경을 과도하게 자극해 불안정한 상태를 초래한다. 가정에서 어른이 아이를 느긋하게 대하면 아이의 자율신경계도 안정된다.

자율신경계는 주변 사람에게도 영향을 미친다

한 사람이 날카로운 상태이면 주변 사람에게도 전염돼 직장 전체에 나쁜 분위기가 퍼진다.

날카로운 분위기일 때 자율신경계의 균형이 잘 조절된 사람이 가세하는 것만으로도 나쁜 흐름을 끊어낼 수 있다.

아이를 재촉하면 역효과

평소 "빨리 준비해.", "빨리 먹어."라고 재촉하기만 하면 아이의 능력을 이끌어내는 데 역효과를 초래한다. 부모의 자율신경계 불균형이 아이에게도 전염되기 때문에 빨리 움직이고 싶어도 움직이지 못하게 된다.

아이도 초조한 상태

부모의 초조함이 전염돼 자율신경계가 흐트러지고 본래의 힘을 발휘하지 못한다.

더욱이 '빨리빨리' 하고 재촉당하면 자율신경계의 균형이 더 깨진다.

빨리! 빨리!

자율신경계 이상은 전염된다

44 사람들 앞에서 발표할 때 긴장을 푸는 요령

자기만의 루틴을 정해 둔다

운동 선수가 서브 전이나 공을 차기 전에 정해진 동작이나 순서대로 움직이는 것은 자율신경계를 조절하기 위한 루틴이다. 평소 연습을 통해 루틴을 반복하면 압박감이나 잡념에 사로잡히지 않고 평정심을 유지할 수 있다. 선수가 아닌 일반인도 마음을 안정시키는 루틴이 도움이 된다. 스트레스를 받는 상황에 처해 있거나 마음이 흐트러질 때 이 루틴을 실천하면 자율신경계가 안정된다.

심호흡은 마음을 편안하게 하는 효과가 있지만, '심호흡해야 한다'라는 강박관념이 오히려 스트레스를 만들 수 있다. 이때는 그 상황과 전혀 관계없는 일에 집중하면 된다. 예를 들어 긴장되는 발표를 기다리는 동안 대기실에 걸린 시계의 디자인이나 숫자판을 집중적으로 쳐다본다. '시계를 본다'라는 동작에 집중하면 자율신경계를 흐트러뜨리는 원인에서 일단 심리적 거리를 둬 심박수와 호흡을 가라앉히면서 자율신경계를 안정시킬 수 있다. 이 방법이 통하면 다음부터 '시계를 본다'라는 루틴을 반복하면 된다. 이와 같이 미리 자신이 차분해지는 루틴을 정해 자율신경계가 흐트러지려할 때마다 바로 실천할 수 있게 준비해 두기를 권한다.

마음을 차분하게 하는 루틴

'초조하고 불안할 때 이렇게 한다'라는 자기만의 루틴을 갖고 있으면, 의외의 상황이 발생해도 당황하지 않고 냉정하고 차분하게 대처할 수 있다.

추천 루틴

심호흡을 한다

초조하고 불안해 자율신경계가 흐트러졌다는 생각이 들 때는 우선 심호흡을 해야 한다. 도구도 필요하지 않기 때문에 손쉽게 할 수 있다.

커피를 마신다

커피에 함유된 카페인은 교감신경의 작용을 활발하게 해 졸음을 쫓거나 스트레스를 해소해 주기도 한다.

물을 마신다

감정이 흥분됐을 때 추천한다. 위가 자극돼 부교감신경의 작용을 높여 주는 효과가 있다.

시선을 위로 향한다

등을 곧게 펴고 시선을 위로 향하는 것만으로도 호흡이 깊어진다. 이와 반대로 스마트폰의 조작 등으로 시선이 아래로 향하는 자세는 호흡을 얕게 하는 원인이 된다.

매일 좋은 주문을 외운다

'오늘은 이걸 조심하자'라고 자신에게 도움이 되는 주문을 루틴화하기만 해도 돌발적인 사고에 따른 불안을 의식할 수 있다.

긴장할 때 사용할 수 있는 대처법

손바닥을 편다.

마음이 긴장하면 몸도 뻣뻣해진다. 특히 엄지 손가락에 힘이 들어가므로 의식적으로 힘을 빼자.

시계의 디자인을 보거나 안경 쓴 사람의 수를 센다.

시계의 상표나 모양에 집중하거나 발표장에 들어갔을 때 안경 쓴 사람을 찾으면 집중력이 높아지고 호흡도 안정된다.

45 미리 다음 일을 생각하면 불안해진다

지금 해야 할 일을 하나씩 한다

해야 할 일이 많으면, 이것도 해야 하고 저것도 해야 한다는 생각에 초조해지기 쉽다. 초조함은 자율신경계를 흐트러뜨려 몸과 마음에 부담으로 축적된다. 그런 사태를 피하기 위해서는 해야 할 작업을 점검하는 게 필요하다. '지금' 먼저 해야 할 일에 집중해 하나씩 정리한다. 그리고 한 가지 일을 확실히 처리할 때까지는 다음을 생각하지 않는 게 혼란한 상태에 빠지지 않고 침착하게 대처하는 방법이다.

우선 오늘 하자고 정한 일을 수첩이나 메모장에 적어 보자. 해야 할 일이 많을 때는 생각나는 대로 리스트를 적어 우선순위를 정한다. 그러면 지금 해야 할 일이 명확해지고, 작업이 효율적으로 진행된다. 리스트로 만드는 항목은 소소한 일이라도 상관없다. 중요한 점은 정해진 순서대로 집중해 작업하고, 하나씩 확실하게 처리하는 것이다. 리스트를 하나씩 처리하다 보면 자신감과 성취감이 생기면서 자율신경계가 안정화된다.

뇌가 가장 활성화되는 시간대는 아침이다. 발상과 기획력이 필요한 작업은 아침 시간에 하는 것을 권한다. 교감신경의 활동이 저하되기 시작하는 오후에는 깊게 생각하지 않아도 되는 기계적인 작업이 적합하다.

해야 할 일은 하나씩 처리한다

치과의사에게 전화한다.

↓

장소를 찾아보고 후보를 고른다.

↓

영업 미팅 준비를 한다.

⋮

동창회 장소 찾기

불필요한 것들을 버리고 싶어.

치과 예약

다음 영업 미팅 사전 준비

○○○씨에게 축하 인사

업무든, 사생활이든 해야 할 일을 한꺼번에 해치우려하면 초조해지면서 자율신경계가 흐트러지기 쉽다. 지금 해야 할 일에 집중해 하나씩 대처하자.

머릿속을 깨끗하게 정리해 일을 원활하게 진행하는 방법

중요한 일은 아침에 한다.

뇌가 가장 활성화되는 시간대는 아침이다. 사물을 깊이 생각하거나 발상이 필요한 작업은 아침, 별로 생각하지 않아도 되는 작업은 저녁에 하는 것이 좋다.

메모를 해서 우선순위를 정한다.

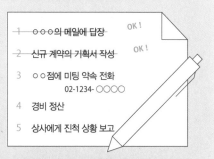

1 ~~○○○의 메일에 답장~~ OK!

2 ~~신규 계약의 기획서 작성~~ OK!

3 ○○점에 미팅 약속 전화
　　02-1234- ○○○○

4 경비 정산

5 상사에게 진척 상황 보고

해야 할 일이 너무 많을 때는 생각나는 대로 메모해 두자. 여기에 번호만 붙여도 머릿속이 정리돼 작업이 원활해진다. 더욱이 끝난 항목부터 삭제하면 성취감도 생긴다.

46 한숨은 언제든 좋다!

한숨은 몸을 회복하는 자정 작용

'한숨을 쉬면 행복이 달아난다'라는 말이 있는 것처럼 한숨은 부정적인 이미지를 지니고 있다. 그러나 자율신경계의 측면에서 생각해 봤을 때 한숨은 몸에 좋은 것이다.

한숨은 대개 걱정거리가 있거나, 고민거리가 있거나, 바짝 긴장한 상태로 작업을 할 때 나온다. 이때 몸은 긴장해서 굳어 있고 호흡이 얕아지고 혈관이 수축해 자율신경계가 불안정해진다. 그때 '후~' 하고 길게 숨을 내뱉으면 얕아졌던 호흡이 깊어진다. 그러면 정체된 혈류가 좋아지고 산소의 공급량도 증가해 부교감신경의 작용이 활발해진다. 즉, 한숨은 자신의 몸과 마음을 리셋하는 멋진 자정 작용이다. 이와 반대로 한숨을 참으면 혈류가 더욱 나빠져 두통, 어깨결림과 같은 육체적인 이상 증상으로 이어질 가능성도 높아진다.

앞으로 업무나 집안일로 한숨이 나올 때는 몸을 리셋해 행복을 부를 수 있는 좋은 기회라 생각하고 마음껏 깊은 한숨을 내쉬어 보자.

이와 같이 깊은 호흡은 자율신경계를 조절하는 데 없어서는 안 되는 중요한 요소이다. 자율신경계가 흐트러졌다고 느낄 때는 오롯이 호흡을 반복하는 데 집중하는 '명상'을 추천한다. 조용한 장소에서 눈을 감고 등을 곧게 세운 후 이 책의 2장에서 소개한 '1:2' 심호흡을 실천해 보자. 차츰 잡념이 사라지고 흐트러졌던 마음이 안정되는 기분이 들 것이다.

한숨이 몸에 좋은 이유

한숨은 피로나 스트레스로 인해 정체된 혈액의 흐름을 좋게 하고, 자율신경계의 불균형을 조절하는 효과가 있다. 일상생활에서 한숨이 나오면, 길게 천천히 숨을 내뱉도록 하자.

호흡이 멈춘다.

⬇

자율신경계가 흐트러진다.

⬇

혈류가 나빠진다.

한숨이 나올 때 참으면 체내의 산소가 부족한 상태가 지속된다. 그렇게 되면 손과 발의 세포나 뇌, 장기에 산소가 전달되지 못해 혈류가 나빠지고, 신체 수행 능력도 저하된다.

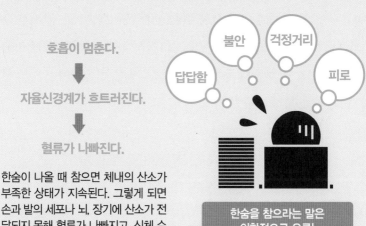

한숨을 참으라는 말은 의학적으로 오류!

⬇

크게 한숨을 쉰다.

⬇

정체된 혈류가 좋아진다.

⬇

부교감신경의 작용을 활발하게 한다.

숨을 천천히 길게 내뱉으면 스트레스나 피로로 정체된 혈류가 원활해지고, 부교감신경의 작용을 도와주기 때문에 몸과 마음을 리셋할 수 있다.

후우~~~~♡

즐기면서 긴 한숨을 내쉰다.

한숨은 오히려 좋다!

47 뇌가 편안해지는 음악을 듣는다

자율신경계를 안정시키는 음악의 즐거운 파워

'음악'에도 자율신경계를 안정시키는 힘이 있다. 인간의 뇌는 본래 음악을 즐겁다고 느끼게 프로그램돼 있다. 장엄한 곡에 마음이 흔들리는 것도, 경쾌한 리듬에 자신도 모르게 몸이 움직이는 것도 본능적으로 음악을 통해 쾌감을 얻고자 하는 증거라고 할 수 있다.

마음이 편안한 음악은 자율신경계에도 좋은 영향을 미친다. 좋은 음악을 들으면 심신의 긴장이 풀려 부교감신경이 우위로 작용한다.

그렇다면, 자율신경계를 안정시키는 음악이란 어떤 것일까?

첫 번째는 템포가 일정한 음악이다. 빠르고 느린 것과 상관없이 일정한 템포를 유지하는 것이 자율신경계의 안정화에 중요하다. 예를 들어 알파파가 나오는 힐링 음악은 마음을 안정시키는 효과는 있지만, 자율신경계를 안정시키는 효과는 없다. 하루의 피로를 해소하고 싶을 때 규칙적인 리듬의 록을 들으면 자율신경계의 균형이 정상화되고 몸도 마음도 맑아진다. 또한 템포 외에도 음계 변화가 심하지 않은 곡이 자율신경계를 안정시키는 데는 효과적이다.

곡의 길이는 4~5분 정도로 가볍게 흘려들을 수 있는 곡을 권한다. 그리고 무엇보다 중요한 점은 자신이 좋아하는 편안한 음악을 듣는 것이다. 이것이 자율신경계에 특효약이다.

뇌는 본능적으로 음악을 즐겁다고 느낀다

음악을 듣는 것은 불안한 마음과 초조한 마음을 진정시키는 데 효과적이다. 외부의 자극으로 자율신경계를 관장하는 '시상하부'가 작용하는데, 그중에서도 음악은 자율신경계를 활성화하는 효과가 있다. 더욱이 인간의 뇌는 본능적으로 음악을 즐겁다고 느끼게 프로그램돼 있어서 자율신경계가 안정되면 긍정적인 기분이 된다.

부교감신경을 활성화하는 음악

좋은 음악의 포인트

· 템포가 일정하다.
· 음계의 변화가 적다.
· 4~5분 정도의 길이이다(자연스럽게 흘려들을 수 있는 길이).

 템포가 빠른 곡

 편안한 힐링 음악

 좋아하는 록

템포가 빠른 곡을 들으면 활기가 생길 것 같지만, 억지로 들으면 자율신경계를 흐트러뜨린다. 하루의 피로를 풀고 싶다면 편안한 음악보다 규칙적인 록의 리듬이 자율신경계를 안정시키는 효과가 있다.

48 어떤 상황이든 웃는 얼굴을 하면 마음이 편안해진다

웃는 얼굴은 자율신경계와 면역력의 강력한 아군

힘든 일이나 슬픈 일이 닥치면 웃음을 잃어버린다. 그렇게 우울한 상태로 있으면 자율신경계의 균형이 점점 나빠져 몸과 마음을 좀먹는다. 하지만 힘들 때나 괴로울 때야말로 일부러 '웃는 얼굴'을 만들어 보면 어떨까? 웃는 얼굴이 자율신경계의 불균형을 바로잡아 활기를 되찾는 계기를 만들어 줄지 모른다. 그렇다고 해서 진심으로 웃는 얼굴을 만들 필요는 없다. 억지로 만들어도 괜찮으니 웃는 얼굴로 지낼 수 있는 연습을 해 보자. 입꼬리를 올리면 얼굴 근육의 긴장이 풀어져 혈액이나 신경의 흐름이 개선되고, 자율신경계의 균형이 안정된다. 웃는 얼굴은 자연스럽게 심신을 편안하게 만드는 효과가 있다.

또한 최근 연구에서는 '웃음'이 면역력 향상과 밀접한 관련이 있다는 것이 밝혀졌다. 우리 체내에서 면역의 주축 역할을 하는 것은 림프구의 일종인 자연 살해 세포(NK 세포)이다. NK 세포는 바이러스, 세균과 같은 병원체와 체내에서 발생하는 암세포를 파괴하는 역할을 한다. 그 NK 세포가 웃음으로 활성화된다는 사실이 실험으로 증명됐다. 암에 걸린 사람들에게 만담을 들려줘 웃게 한 후에 NK 세포 수의 변화를 조사해 보니 NK 세포 수가 크게 증가했다고 한다. 몸과 마음의 건강을 지키기 위해 어떤 상황에서도 웃음과 유머를 잃지 않도록 하자.

항상 웃는 얼굴로 지내면 좋은 점

웃는 얼굴을 만들면 자율신경계의 균형이 잡히고, 심신이 모두 건강해진다. 뇌도 활성화돼 치매도 예방된다. 더욱이 면역을 높이는 자연 살해 세포의 수도 증가해 암도 예방되기 때문에 '웃으면 건강해진다'라고 하는 것이다.

치매 예방

면역력 향상

NK 세포

부교감신경의
작용이
활발해짐

가짜 웃음도 효과적이다

만든 웃음(입꼬리가 올라간다)

얼굴의 근육이 풀어지면서 편안해진다.

부교감신경의 작용이 활발해지면서
자율신경계의 균형을 맞춘다.

입꼬리를 올려 웃는 얼굴을 만들면 부교감신경의 작용이 상승한다는 자료가 있다. 진심으로 웃지 않고 입꼬리를 가볍게 올리기만 해도 이와 비슷한 효과를 얻을 수 있다. 이와 반대로 화를 내거나 불안해하면 자율신경계가 흐트러지고 혈관이 손상돼 노화를 가속화한다.

49 마음의 안정을 부르는 하루에 한 곳 정리하기

어질러진 방이 스트레스의 원인이 된다

업무의 중압감이나 인간관계의 문제만이 스트레스의 원인은 아니다. 방 안에 물건이 어질러져 있고, 부엌이나 욕실이 더러워져 있는 생활 환경은 자율신경을 흐트러뜨리는 원인이 된다. 심신 모두 좋은 상태를 유지하고 싶다면 주변을 청결히 해 안락하게 지낼 수 있는 환경을 만드는 것도 중요하다.

이처럼 '치운다'라는 행위 자체에도 자율신경계를 안정시키는 효과가 있다. 지저분한 물건이 정리되거나 더러워진 방이 깔끔해진 모습을 보면서 속이 후련해진 경험이 있을 것이다. 자율신경계의 균형을 잡는 스위치를 켜는 일과로 정리나 청소를 유용하게 활용하길 바란다.

그러나 아무리 정리하고 싶어도 여기저기 아무 계획 없이 손을 대는 것은 역효과를 초래한다. 교감신경이 과도하게 상승해 오히려 자율신경계의 균형을 깨뜨린다. 그날그날 정리하고 싶은 장소를 한 곳만 정해 실천해 보자. 시간은 30분 이내가 좋다. 그 이상 길어지면 집중력이 떨어지면서 짜증이 나기 시작한다. 이런 상황이 벌어지면 힘들게 안정시켜 놓은 자율신경을 다시 흐트러뜨리게 된다. '하루 한 곳, 30분 이내'를 지켜 기분 전환 겸 정리를 시도해 보자.

정리 정돈을 하면 자율신경계가 안정된다

고민하지 않는다

편안하다

불필요

필요

불필요한 물건을 처분해 주변을 깨끗이 하면 마음이 안정되고, 고민도 사라진다. 더욱이 정리라는 행위 자체도 부교감신경의 작용을 상승시켜 마음을 편안하게 만드는 작용을 한다.

추천하는 정리법

옷장을 정리한다

매일 아침에 사용하는 옷장부터 정리 정돈하기를 권한다. 필요한 것만 제대로 정리돼 있으면, 아침 준비가 쾌적해져 몸도 마음도 뿌듯해진다.

30분 이내로

'집중력이 떨어졌을 때', '업무가 끝날 때'처럼 하루에 시간을 정해 놓으면 효과적이다. 이와 반대로 서두를 때 하는 청소는 자율신경계를 흐트러뜨린다.

하루 한 곳으로 정한다

전부 깨끗하게 하려고 너무 애쓰는 것은 자율신경계의 균형이 깨지는 원인이 된다. '서랍 한 단', '책장 한 열'과 같이 장소를 정해 놓고 조금씩 정리하는 게 핵심이다.

COLUMN

과호흡 증상이 나타날 때 대처법

손등을 두드려 마음을 안정시킨다

숨쉬기 힘들어지거나 과호흡 증상이 나타날 때는 검지손가락에서 약지손가락까지 세 손가락을 사용해 손등이나 볼을 일정한 리듬으로 살짝 닿을 듯 말 듯한 느낌으로 두드린다.

손등

얼굴

피로를 풀고 싶을 때도 좋다.

톡톡

톡톡

주의
잘 알려진 봉지 호흡법(입에 봉지를 대고 호흡하는 방법)은 추천하지 않는다.

이럴 때도 권장!

몸이 긴장했을 때, 피로를 풀고 싶을 때

하루에 한 번, 1분을 기준으로 한다.

피로가 쌓였다고 느낄 때는 앞에서 소개한 손등 두드리기와 같은 요령으로 머리를 자극하는 것도 좋다. 부교감신경을 활성화해 혈액을 촉진하기 때문에 어깨결림이나 두통에도 효과적이다.

제 5 장

자율신경계를
조절하는 운동

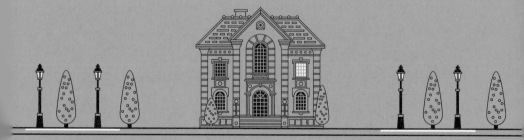

50 자율신경계 조절에는 운동이 좋다

적당한 운동으로 혈류를 촉진한다

운동은 자율신경계를 조절하는 데 꼭 필요하다. 업무 등으로 오랜 시간 의자에 앉아 있으면 혈액 순환이 나빠진다. 혈류 악화는 자율신경계의 최대 적이다. 혈류가 정체되면 세포에 영양소가 전달되지 못해 신체 이상 증상의 원인이 되고, 더 나아가 자율신경계의 균형을 무너뜨린다.

이 악순환을 해결해 주는 것이 '운동'이다. 예를 들어 업무를 하면서 중간에 스무 번의 스쿼트를 한다. 이것만으로도 정체된 혈류가 개선되면서 자율신경계가 안정화된다. 또한 아침, 저녁의 스트레칭도 권장한다. 아침에 일어나면 3~5분 정도 간단한 스트레칭을 한다. 취침 전에도 마찬가지다. 피로나 어깨결림을 해소하기 위해 스트레칭으로 몸을 풀어 준다. 일부러 헬스장에 다닐 필요 없이 집에서 할 수 있는 스쿼트와 스트레칭을 하면서 매일 의식적으로 몸을 조금씩 움직인다.

또한 일상의 습관을 조금씩 바꾸기만 해도 혈류를 촉진하는 데 도움이 된다. 에스컬레이터나 엘리베이터를 사용하지 않고 계단을 오르내리는 것도 좋다. 걸을 때는 등을 똑바로 세우고 이상적인 자세를 유지한다. 이렇게 간단한 움직임만으로도 혈류가 개선된다. 혈류가 좋아지면 어깨결림이나 두통, 수족 냉증, 부종 해소는 물론 기초 대사량이 높아지고 내장의 기능도 향상된다. 적당한 운동은 기분을 상쾌하게 해 정신 건강에도 도움이 된다.

일상생활 속에서 운동하는 습관을 들인다

일상생활에서 간단히 할 수 있는 운동에는 계단 오르 내리기가 있다. 에스컬레이터나 엘리베이터는 가능한 한 사용하지 말고 계단을 이용하면 그것만으로도 운동이 된다.

이상적인 자세로 걸으면 자율신경계가 안정된다

나쁜 예

어깨에 힘을 뺀다.

등을 똑바로 편다.

천천히 리듬감 있게 걷는다.

이상적인 예

머리 중심이 똑바로 하늘로 당겨지는 것처럼 의식한다.

목을 바로 세운다.

다리는 배꼽에서 앞으로 뻗는 것 같은 기분으로 발을 디딘다.

나쁜 자세는 호흡이 얕아지고 자율신경계를 흐트러뜨린다.

서류 가방을 캐리어로 바꾸면 좋은 자세를 유지할 수 있다.

좋은 자세를 유지하면 기도가 넓어지면서 호흡이 깊어지고 자율신경계의 균형을 잡기 쉬워진다.

자율신경계 조절에는 운동이 좋다

51 강도 높은 운동은 자율신경계에 악영향을 준다

오히려 가벼운 운동이 효과적이다

운동이 자율신경계에 좋다고는 하지만, 모든 운동이 좋은 것은 아니다. 원래 운동을 하면 호흡이 얕고 빨라져 교감신경이 극도로 활성화되고 부교감신경의 활동이 갑자기 떨어진다. 즉, 자율신경계의 균형을 오히려 무너뜨리게 된다. 극단적인 예로, 단거리달리기 선수는 100미터를 거의 무호흡 상태로 달린다. 이는 혈류가 나빠져 혈액이나 산소가 온몸에 전달되지 못하고, 노화를 촉진하는 활성 산소가 발생해 몸에 악영향을 줄 수 있다. 그렇다면 어떤 운동이 좋을까? 정답은 걷기와 같은 가벼운 운동이다. 최근에는 건강을 위해 매일 달리기를 하는 중·장년층도 많은데, 달리기는 운동량이 너무 많다. 호흡이 빠르고 얕아져 부교감신경의 작용을 저하시킨다. 30대를 넘으면 가만히 있어도 부교감신경의 작용이 떨어지기 때문에 각별한 주의가 필요하다.

이런 점에서 볼 때 걷기는 몸에 부담을 주지 않고, 천천히 깊은 호흡을 할 수 있어 자율신경계를 안정화하는 데 가장 좋다. 부교감신경이 흥분된 상태로 혈류를 촉진할 수 있다. 자율신경계에 중요한 것은 몸이 따뜻해지는 정도의 가벼운 운동을 해야 한다는 것이다. 힘든 운동은 근력이나 운동 능력의 향상에 효과적이지만, 자율신경계에는 도움이 안 된다. 걷기, 스쿼트, 스트레칭과 같이 누구나 할 수 있는 가벼운 운동이 가장 좋다.

한 번에 빠른 결과를 얻고 싶다는 생각 자체가 자율신경계의 불균형을 초래할 수 있다

좋아! 달려 보자.

힘을 내자.

무리한 결과…

자율신경계의 균형이 무너지면 시야가 좁아지는 경향이 있다. 그렇게 되면 운동을 시작하면서 '바로 결과를 내고 싶으니 1시간은 달리자'라고 의욕을 불태우기 쉽다. 그러나 갑자기 격렬한 운동을 시작하는 것 자체가 몸에 부담이 된다. 성급한 마음을 차분하게 가라앉히고 걷기부터 시작하는 게 현명하다.

자율신경계 안정에는 달리기보다 걷기가 좋다!

운동능력을 높이거나 근력을 향상시키는 것이 목적이라면, 스트레칭이나 걷기로 자율신경계를 조절하면서 운동하는 편이 좋다. 또한 나이가 들면서 생기는 근력 저하나 혈류의 악화 등을 개선하는 데 효과적인 운동을 하고 싶다면 다음에 설명할 스쿼트를 추천한다.

달리기와 같은

격렬한 운동

스트레칭, 걷기와 같은

가벼운 운동

호흡이 얕아지는 운동은 교감신경이 비정상적으로 활성화되고 부교감신경의 작용이 저하된다. 또한 활성 산소가 대량으로 발생해 노화를 재촉할 위험이 있다. 자율신경계를 안정화하기 위해서는 격렬한 운동을 삼가야 한다.

천천히 깊은 호흡이 가능한 운동은 자율신경계가 안정된 상태로 몸에 부담을 주지 않는다.

Good!

Good!

마법의 1분 스트레칭

자율신경계를 조절하는 운동

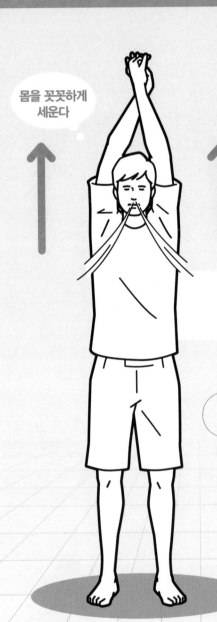

몸을 꼿꼿하게
세운다

① 양팔을 머리 위로 교차시키고 숨을
내쉬면서 천천히 몸을 쭉 편다.

포인트

운동 중에는 숨을 멈추지 말고
깊은 호흡을 의식한다.

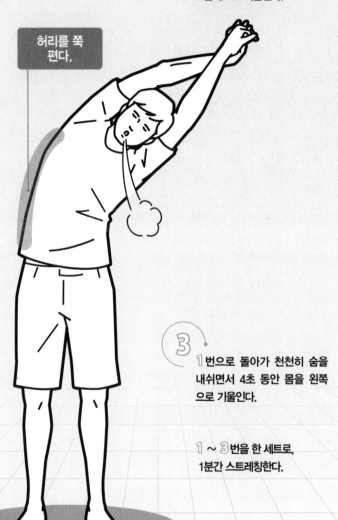

2 숨을 내쉬면서 4초 동안 몸을
오른쪽으로 기울인다.

허리를 쭉
편다.

맨몸의 1분 스트레칭

3 1번으로 돌아가 천천히 숨을
내쉬면서 4초 동안 몸을 왼쪽
으로 기울인다.

1 ~ 3번을 한 세트로,
1분간 스트레칭한다.

52 자율신경계를 조절하는 스쿼트

스쿼트는 정확한 자세로

앉았다가 일어서는 동작을 반복하는 스쿼트는 가볍게 할 수 있는 운동 중 하나이다. 이 스쿼트는 자율신경계의 균형을 잡는 데 매우 효과적이다. 원래는 다리와 허리 근육을 단련하면서 하체의 강화를 목적으로 하는 운동인데, 이와 동시에 하체의 펌프 기능이 촉진돼 온몸의 혈액 순환을 원활하게 한다. 즉, 혈류가 좋아진다. 더욱이 천천히 호흡하면서 하다 보면 부교감신경을 활성화할 수 있다. 간단한 운동이지만, 다음과 같이 몇 가지 포인트가 있다.

1. **아침과 저녁에 한다.**
2. **깊게 호흡하면서 앉았다가 일어서기 각 4초**
3. **통증을 느끼면 바로 멈춘다.**

또한 반드시 정확한 동작으로 하는 것이 중요하다. 잘못된 동작으로 이어가면 충분한 효과를 얻을 수 없고, 다리와 허리에 부담이 가면서 다치거나 통증의 원인이 될 수도 있다. 가장 주의해야 할 점은 상체를 똑바로 유지하는 것이다. 몸을 앞쪽으로 숙이면 폐가 압박돼 깊게 호흡하지 못하기 때문이다. 정확한 자세를 유지하면서 앉을 때 입으로 숨을 들이마시고, 설 때는 코로 숨을 들이쉬는 호흡을 하면 효과가 더욱 높아진다. 또한 무릎은 불편하지 않을 정도로 구부리면 충분하므로 90도 이상 구부리지 않아도 된다. 무릎 통증의 원인이 될 수 있다. 또한 앉을 때 무릎이 발끝 앞으로 나오지 않도록 주의한다.

자율신경계의 균형을 잡아 주는 데 가장 좋은 운동, 스쿼트

스쿼트는 몸을 구부리는 동작을 반복하는 운동이다. 이 반복 동작이 온몸의 60%나 되는 근육이 집중된 하체의 펌프 기능에 작용해 혈액이 온몸으로 순환하게 해 준다. 깊게 호흡하면서 정확한 동작을 유지해야 한다는 점에 유의하자.

정확한 동작

계속 깊게 호흡한다.

무릎은 발끝보다 앞으로 나가지 않는다.

상체는 똑바로 세운다.

중심은 엉덩이에 둔다.

뒤꿈치는 바닥에 붙인다.

잘못된 동작

몸이 앞쪽으로 기울여지면 폐가 압박돼 숨을 내뱉지 못한다.

호흡이 얕다.

호흡이 멈춰버린다.

중심은 앞에 둔다.

두 다리의 폭이 좁다.

무릎을 너무 구부리지 않는다

무릎을 90도 이상 구부리면 무릎 통증의 원인이 된다.

뒤꿈치가 바닥에서 떠 있다.

자율신경계의 균형만 잡아 주는 게 아니다. '스쿼트'의 효과는 굉장하다

정확한 동작으로 스쿼트를 하면 온몸의 근육을 사용할 수 있어서 근육을 효율적으로 단련할 수 있다.

치아를 꽉 물다

• 치매가 예방된다.

대요근을 단련한다

• 요통이나 허리 삠을 예방할 수 있다.

근육량이 증가한다

• 젊어진다.
• 기초 대사량이 증가해 살이 빠지기 쉬워진다.

혈류가 좋아진다

• 어깨결림, 목 걸림이 개선된다.
• 수족 냉증이 개선된다.
• 뇌경색, 당뇨병의 위험성이 낮아진다.
• 두통이 개선된다.

장이 움직인다

• 변비가 개선된다.

전신 스쿼트

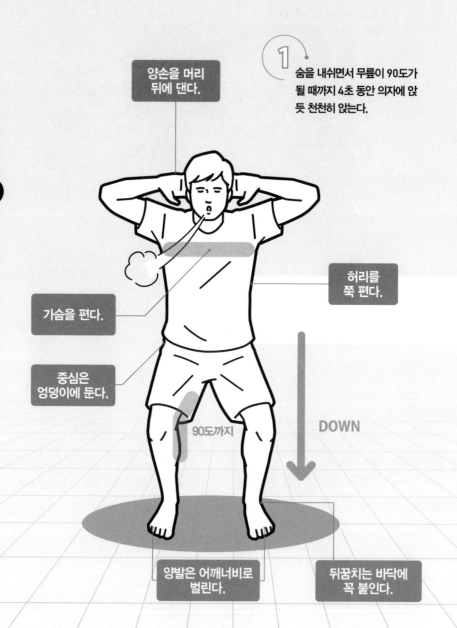

양손을 머리 뒤에 댄다.

1 숨을 내쉬면서 무릎이 90도가 될 때까지 4초 동안 의자에 앉듯 천천히 앉는다.

허리를 쭉 편다.

가슴을 편다.

중심은 엉덩이에 둔다.

90도까지

DOWN

양발은 어깨너비로 벌린다.

뒤꿈치는 바닥에 꼭 붙인다.

② 숨을 들이마시면서 4초 동안
무릎을 펴면서 천천히 일어선다.

운동 중에는 숨을 멈추지
말고 깊은 호흡을 의식한다.

UP

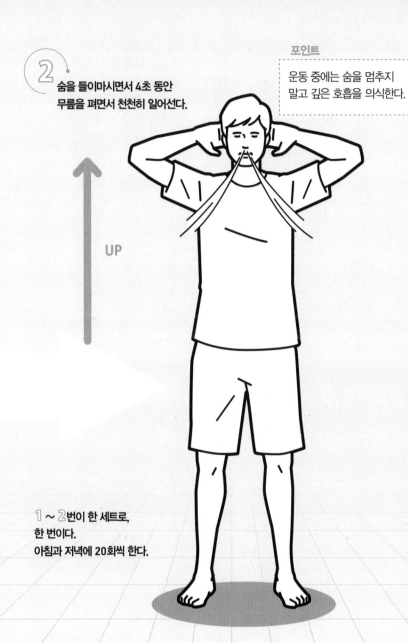

1 ~ 2번이 한 세트로,
한 번이다.
아침과 저녁에 20회씩 한다.

전신 스쿼트

126 　지금까지 각 장에서 자율신경계가 흐트러졌을 때 생기는 악영향에 대해 많은 이야기를 해 놓고 이제 와서 엉뚱한 이야기를 한다고 할지 모르지만, '자율신경계는 흐트러지는 게 당연한 것'이라고 생각하길 바란다.

　또한 자율신경계를 흐트러뜨리는 원인을 지나치게 제거해 스트레스를 받으면 오히려 자율신경계를 흐트러뜨리는 요인이 된다.

　중요한 점은 자율신경계가 흐트러지지 않게 노력하는 것이 아니라 흐트러졌을 때 원상태로 회복할 수 있는 힘이다.

　조금 흐트러져도 그 상태가 지속되지 않는 한 몸에는 큰 부담이 되지 않는다. 오히려 몸과 마음이 강해질 수 있다.

이 책에서는 '아침에 물 한 컵을 마신다', '머리를 텅 비우는 시간을 가진다', '억지로 웃는 얼굴을 만들어도 상관없으니 입꼬리를 올린다'와 같은 방법을 소개했다. 이 밖에 3분 안에 가능한 스쿼트와 스트레칭도 소개했다. 이와 같이 생활 속에서 짧은 시간에 쉽게 가능한 것부터 하나라도 실천해 루틴을 만들면 지속하는 힘이 생길 것이다.

이러한 습관을 꾸준히 이어가고 있다면, 자율신경계의 주도권을 잡은 것이나 다름없다.

준텐도대학 의학부교수
고바야시 히로유키

잠 못들 정도로 재미있는 이야기

자율신경계

2023. 1. 11. 초 판 1쇄 발행
2024. 5. 22. 초 판 3쇄 발행

지은이 | 고바야시 히로유키(小林弘幸)
감 역 | 박주홍
옮긴이 | 양지영
펴낸이 | 이종춘
펴낸곳 | BM (주)도서출판 성안당

주소 | 04032 서울시 마포구 양화로 127 첨단빌딩 3층(출판기획 R&D 센터)
　　　 10881 경기도 파주시 문발로 112 파주 출판 문화도시(제작 및 물류)
전화 | 02) 3142-0036
　　　 031) 950-6300
팩스 | 031) 955-0510
등록 | 1973. 2. 1. 제406-2005-000046호
출판사 홈페이지 | www.cyber.co.kr
ISBN | 978-89-315-5822-7 (04080)
　　　　 978-89-315-8889-7 (세트)

정가 | 9,800원

이 책을 만든 사람들
책임 | 최옥현
진행 | 김해영
교정·교열 | 김해영, 안종군
본문·표지 디자인 | 이대범
홍보 | 김계향, 임진성, 김주승
국제부 | 이선민, 조혜란
마케팅 | 구본철, 차정욱, 오영일, 나진호, 강호묵
마케팅 지원 | 장상범
제작 | 김유석

"NEMURENAKUNARUHODO OMOSHIROI ZUKAI JIRITSUSHINKEI NO HANASHI"
by Hiroyuki Kobayashi
Copyright © Hiroyuki Kobayashi 2020

All rights reserved.
First published in Japan by NIHONBUNGEISHA Co., Ltd., Tokyo
This Korean edition is published by arrangement with NIHONBUNGEISHA Co., Ltd.,
Tokyo in care of Tuttle-Mori Agency, Inc., Tokyo through Duran Kim Agency, Seoul.

Korean translation copyright © 2023~2024 by Sung An Dang, Inc.